我的青春我的梦

全国中学生校园美文精品集萃丛书

穿帘燕子，又时时，问西风消息

这一路青春不绵长

《中学生博览》杂志社 选编

时代文艺出版社

图书在版编目（CIP）数据

这一路青春不绵长/《中学生博览》杂志社选编. —长春：时代文艺出版社，
2018.8（2023.6重印）

（"我的青春我的梦"全国中学生校园美文精品集萃丛书）

ISBN 978-7-5387-5635-7

Ⅰ.①这… Ⅱ.①中… Ⅲ.①作文－中学－选集 Ⅳ.①H194.5

中国版本图书馆CIP数据核字（2017）第318401号

出 品 人 陈 琛
产品总监 郭力家
责任编辑 焦 瑛
装帧设计 李 斌
排版制作 隋淑凤

这一路青春不绵长

《中学生博览》杂志社 选编

出版发行 / 时代文艺出版社

地址 / 长春市福祉大路5788号 龙腾国际大厦A座15层 邮编 / 130118

总编办 / 0431-81629751 发行部 / 0431-81629758

官方微博 / weibo.com / tlapress

印刷 / 北京一鑫印务有限责任公司

开本 / 700mm×980mm 1 / 16 字数 / 153千字 印张 / 11

版次 / 2018年8月第1版 印次 / 2023年6月第5次印刷 定价 / 34.80元

编 委 会

目 录

001

永远陪着不完美的你

那些青春很年少

我是一只，神一样的高等动物

更大的世界

这一路青春不绵长

努力地做你会喜欢的事，努力地把你喜欢的变成我也喜欢的，但是无论我怎么努力，我始终没有办法住进你的眼睛。

你永远也看不见我最爱你的时候，因为我只有在看不见你的时候才最爱你。同样，你永远也看不见我最寂寞的时候，因为我只有在你看不见我的时候才最寂寞。

毕 业 骊 歌

Zero

我是迟幻墨。

在一个阳光灿烂的六月，我高中毕业了。

我不知道毕业对我来说意味着什么。我曾设想过像《将爱情进行到底》里的他们一样，大喊"我毕业了"，然而当毕业真正来临的时候，我却格外安静。安静得有些可怕。

时光是个很特别的东西，我刚上高一的时候，总觉得毕业遥遥无期，可尽管如此，我依旧步履蹒跚，义无反顾地在走着。

转眼，我就要离开这个围城了。

这让我想到在一本书上看到的话："一回首，一驻足，我们都会惊叹，因为我们觉得只过了一天，哪知时光已过了一年。"

考外语的那天下午我很平静，因为我深知在所有的科目中再也找不出比外语学得更差的了。考外语对我来说不过是"早死早解脱"，我靠着直觉很快就做完了外语试卷，然后开始纠结于要不要提前交卷，在我还没有纠结出结果的时候，考试结束的铃声就响了。

我从考场出来时，天空下着大雨，每年的高考都会下雨，这已经成为四川高考的规律。

不知为什么，我曾幻想过的激情和放肆一瞬间离我很远。我发现我十八年的生命被雨水轻易浸湿，一切都结束了，而我没有喜悦，也没有悲伤，只是觉得心里突然间变得空荡荡。

周围人潮涌动，大家却都是一张张平静的脸。我才发现电影和现实的差别，我突然觉得我们的青春还未开始就匆忙地结束了。

我想起高考二十天倒计时的夜晚，躺在我的大床上，天空没有一颗星星，只有一轮月亮，月色有些许的朦胧。

对面的楼有昏黄的灯光，我知道很多人还在顶着满身疲惫熬夜苦战，我插上耳机按下音乐播放键，在心底里希望可以早点入睡。

我很清楚地知道，我不会是高考的成功者，我那五十分的英语试卷足以说明一切。我并不讨厌英语，但我总是拿五十分，总是排全班倒数前十名，我想要一个答案，然而没有答案，就像我没有怎么背过历史，可我的历史却排在全班前十名。

韩影说，我的英语成绩和历史成绩一比较，就是个冷笑话。

我以为我会清楚地记得我的高三，可事实上在高考结束三天后，我就已经记不得我高考前夜是在背政治还是地理了。

那些日子像是被不断加入水的果汁，稀释后慢慢变淡，无从探寻。

我能记得的是那厚厚的试卷，被装订成一本又一本，上面是密密麻麻的用黑色的笔写下的答案和用红色的笔写下的更正答案；我能记得的是一本又一本的参考书，通常就只有选择题是完成了的，文综的非选择题，一片空白。

明知道买了也不会做，自己不是刻苦的人，却还是一本又一本地买，只是为了弥补内心的愧疚。

我还能记得，地理老师总说：你们不好好学地理，以后去当兵就弄不清路线。数学老师总说：你们学好了数学，以后卖菜也比别人算得快点。还有语文老师，她总说：你们学好语文，会说话出门和人闲谈也有点资本。

我还记得在那些夜里听过的歌，和相隔千里互相发送的短信。

记得微弱的希望和巨大的绝望，彼此厮杀。

毕业前几天，各种封面、各类尺寸的毕业纪念册就充斥着课堂，从第一排依次传送到最后一排。我没有买毕业纪念册，因为我没什么关系足够好的朋友，何况我觉得，如若要铭记，没有毕业纪念册也会记得；如若要遗忘，毕业纪念册泛黄的纸张和墨迹，也留不住情谊。

时间是个可怕的东西。现在的情谊，被它冲刷后，就是陌生。

在我们毕业离开之前的那些日子里，老师会在晚饭后到晚自习前的这段时间给我们放一些音乐，基本上都是略显伤感的校园民谣，那几天，我和韩影在操场旁看夕阳，然后沿着跑道走上一圈。

在高考前二十天，体育课和课间操就被取消了，我是个运动白痴，自然不喜欢体育课，可那天，我和韩影在操场上，看着夕阳照射着跑道，突然很怀念体育课。

回教室的时候，夕阳温暖而哀伤地将我们的身姿剪成忧伤的剪影。

毕业那天，很多人拍照。在操场，在林荫道，三五成群，摆出各种姿势，可我没有。我听着他们的笑声，打闹声。在我的心里，就像一拍完照，大家都成了回忆再难相聚。

我坐在教室里，窗外阳光明媚，看着这片熟悉的天，我的忧伤就涌了上来。

"长亭外，古道边，芳草碧连天。一壶浊酒尽余欢，今宵别梦寒。"

我们的高三，我们的十八岁，我们欢笑、我们哭泣的日子，我们洒落在黄昏操场上的青春，瞬间即永恒。

如果遇见这样的人，就不要错过了吧

草帽儿先生

1

早上我来到学校时，只看见你空荡荡的座位，我很奇怪以往都比我早到教室的你怎么还没来。猴子告诉我，你昨晚已经拿到录取通知书，进了三中提前批的实验班，提前毕业收拾东西去报到了。你的书桌除去垃圾什么也没留下，只像遗书似的留了张纸条给我，跟我说："兔子大妈，拜拜咯！"而且居然还提醒我要记得还钱！虽有无奈，但更多的是后悔，我竟然连你毕业前的最后一面也没见上！

昨晚我是打算来上晚自习的，只是又回去了——来时被雨淋湿了，回家换衣服后，干脆就请假偷懒，在家看电视。而淋湿的原因是我来晚自习的路上遇到一群又一群"黄昏练"的男女老少因天气变化正着急往家赶，我则仗着带了把伞，十分悠哉地慢悠悠晃向学校，一路还数着从我身边跑过的人数。于是，报应啊，下了场特大暴雨，我虽有雨伞仍被浇了个透心凉。我想，你要是知道我们缺少一个道别是因为我幸灾乐祸过了头，一定是会骂死我的。猴子说，你对着他用各种语言整整念叨了我一节课呢，嘿，小子，快赶上唐僧了！

2

我习惯叫你绰号，小四。很朴实、简约、实用对吧？好啦，别鄙视我，你该庆幸你名字里没有"三"这一字眼儿。

我老是笨手笨脚，比较悲催的是，我偏偏还像个多动症患者，总喜欢瞎鼓捣。我上课爱学别人转笔，但由于技巧原因，更多时候笔都会飞出去掉在地上，这时候你就发挥了"无敌好前桌"的作用，一节课弯腰拾笔不下十次。尽管你总抱怨，在这里我还是想弱弱地说句，都是为了锻炼您老的脊椎呀……

我一向是不会吸取教训的，这不，前几天挥舞着圆规和你聊八卦，一激动把手指划了道口子还没好，又在尝试把订书钉钉进橡皮，"咔嚓"一下，橡皮没钉到，倒是我食指冒出了血珠，我是有多倒霉呀，只好又戳你后背呼叫你来收拾残局。记得当时你感慨道，以后要是谁娶了我，一定很难过。

3

小四，我们认识也有五六年了吧，小学时一起参加英语竞赛，背了整整两个星期演讲稿的"难兄难弟"。可惜的是，我们一直合不来，成天打架。你这个"妖精"竟然还留长指甲，在我手背上留下了一道道抓痕，典型的气场相冲呀。一个大男生，偏偏行为举止中带着阴柔之气，而我是一个很"爷们儿"的女汉子。认识很久，我们都是见面就撩袖子准备打架的模样，现在想来，当初怎么会有那么多可以激化的矛盾？

咱俩的家算是蛮近的，相距不到五分钟的路程，不过现实是残酷的，根本没有小说中青梅竹马、两小无猜的情景。我妈喜欢用你来教训我，诸如：你看小四会陪他爸妈去散步，你呢？你看小四考了年段第二，你呢？你看小四还去买菜，你呢？你看小四……我的人生就是这样笼罩在"你看小四"的阴影下，后来向你抱怨，你总是笑得全身抽筋。

我们打着打着，骂着骂着，竟变得很和睦。

4

小四，你走后的日子里，我迁到了你的课桌，一个人坐在第一桌，努力地装成好学生的模样，上课认真了许多。要是你看到了，会不会激动得"老泪纵横"，感叹我终于长大，终于懂事了？

记得平安夜那天，你找我讨苹果，于是下午放学我不顾晚自习迟到，跑到街上为你去买。晚自习把苹果交到你手中时，你有些不知所措，感动得张口结舌。我说你瞎感动个什么劲儿呀，害得我也别扭起来。

其实我哪会不知道你讨苹果仅是玩笑话，只不过我愿意且乐意当真。听闻平安夜收到苹果，寓意平平安安，这便是我最美好的祝愿。

你离开以后，我沉默许多，习惯了和你分享一切喜怒哀乐；习惯了你听我絮絮叨叨；习惯了你给我讲题，一讲就是好几遍，我才能恍然大悟；习惯了你咬牙切齿地骂我"笨兔子"……习惯还在，回忆也还在，丢失的仅仅是你而已，笨小四。

你是个作业狂人，英语老师临上课前发的卷子，还没下课你便能做完，然后就把卷子的"终身"托付给了我。不止英语，还有数学、物理、化学各科作业，你总完成得那么快。

你成绩很好，作业正确率一向很高，有许多人找你借作业，得到的回答总是千篇一律的"在兔子那里"，每次听到我都会有一种油然而生的优越感和自豪感——不许笑我！

5

我是个嘴馋的孩子，金牛座的你也特爱美食。于是，每个晚自习都是在我抢你零食中度过的。当然了，要不是你故意让我，估计我也抢不到吧！据说，一件事情重复很多次后就会成为习惯，所以你也习惯了有我这么一个馋猫后桌，从食堂或小卖部回来都会主动"进贡"。再后来，在你要去食堂时，我总会提醒你："我也要吃糖的。"

如愿以偿地拿到糖果后，我却还是那么的笨手笨脚，总在剥开糖纸的同时，糖就掉到地上。每当这时，你总是看着我一脸悔恨的表情哈哈大笑，然后在我死缠烂打之下再上缴几颗糖来。

唉，小四，本尊想念你的糖果了，"赏赐"一些呗？

6

你有许多怪癖。

耳机明明坏了一个，却仍旧都塞在耳朵上装模作样，还美其名曰："抵御外界干扰"。

你怎么不考虑去塞一团棉花……

你喜欢唱音调很高的歌，我记得多数是布兰妮的英文歌。那曲调被你唱得极为尖细，反正我听下来，没一句能听清的。那些有幸听你一展歌喉的人，都没有再听第二遍的欲望，统统作鸟兽散。你倒好，恬不知耻地到处找听众，有求于你就得听你唱歌，最后甚至发展到，不顺你心意，你便威胁着要唱歌给人家听。你还能更无耻点儿吗？

小四，别人唱歌要钱，你唱歌要命啊！

7

我在你面前貌似的没有一丁点儿形象可言，会暴走、会忧伤、会大笑、会流泪，也会肆无忌惮地对着小博封面的帅哥美女发花痴，哪怕你调侃我：口水快流下来了。据说，在一个人面前卸去全部伪装，本性毕露，是因为信任，只是信任。

8

你生命中会不会有那么一个人，再没有谁比你们更默契，一个眼神一切便已了然彼此心底？他会帮你做作业，会在你偷看小说时替你望风，会一起提前交卷，会在自己生病时提醒你注意身体，会一同快乐一同悲伤，会打架、会吵闹，也会和好如初……

如果遇见这样的人，就不要错过了吧。

小四，我待在你曾待过的教室，坐在你曾坐过的位置，我发现原来睹物思人是人类的通性。

小四，你脸上的痘痘有没有变少？要少吃零食多睡觉。

小四，你可要记得前来讨债，否则我就坚决不还你钱了啊。

小四，兔子想你。

你是我的一次偶然和必然事件

二三苏

楼小楼十五岁的生日愿望充满了她那个年纪对于爱情的向往。她希望某一天可以鼓起勇气向沈大安表白，同时沈大安也答应了她，而后两个人就此过上了幸福的生活。

不可以否认，这是一个属于楼小楼的童话。

现在想想过去的十五年，楼小楼心里满是窝火：她没有那种细心体贴的邻家竹马，她的小竹马早在五年前就和她老死不相往来了；她没有高挑的身材——这都源于她一米五三的妈妈；她也没有叫李刚的爸爸，她的爸爸只是一个不出名中学的老师，每月拿着除去房贷还剩一千多块的工资养活四口人……所以，当楼小楼在某一天突然发现自己喜欢上那个他爸可以花十几万只为送他上高中的沈大安时，她自卑了。

可楼小楼喜欢沈大安这件事纯属是她三年初中生活里的一次偶然事件。一届七百个学生，她偏偏就被这七百分之一的概率给砸中了，而且让她认识沈大安的那个人又是沈大安的前女友、她的现闺蜜顾璇——真可谓是一段孽缘。

作为一名初中老师的子女，楼小楼深知此时不可恋爱，而且这还是关于友谊与名声的问题，所以她果断地减少了和沈大安的交流，同时也在庆幸她和沈大安没有见过面。无奈天不遂人愿，两个人还是有了交集。

　　那天楼小楼拖着被体育老师罚跑十圈的身体昏昏沉沉上厕所，好不容易爬到了四楼正倚在门框上喘着粗气，却突然间看见里面有个寸头，抬头望了望门牌确认自己没走错之后，她好心且小声地提醒道："那什么，同学你走错地儿了……"和预料中的一样，当楼小楼悄声数到十一时便见到一张爆红的脸，那是一张令人看了舒服的脸。楼小楼不是花痴，但在她看见这张脸时却也有一种一闪而逝的喜欢，而从后来的交谈里楼小楼知道了他就是那个沈大安。

　　其实沈大安在这之前曾多次在QQ上问楼小楼是否去看他，楼小楼每次都以老师在查岗、作业多为由说没时间去见，实际却是楼小楼自己不好意思去，所以两个人的交流只限在QQ上。

　　楼小楼长得也算是清秀可人，可惜有双挺粗的腿，肥溜溜的一层肉是她一直以来的痛苦之源。

　　那天沈大安问楼小楼为什么不像其他女生一样穿裙子，楼小楼诚实地说因为腿太粗了，已经抱着被嘲笑的准备，却不想沈大安回她一句："腿粗有什么的，自己舒服才是最重要的！何况天气热，穿得多对身体也不好。"楼小楼顿时有热泪盈眶的感觉，以前她也这么认为，可总有人在背后指指点点，还说她那么粗的腿怎么好意思露出来，所以即使现在将近四十度的高温，她还穿着长长的牛仔裤。不过就在刚才，楼小楼决定要瘦腿！只为能在毕业前穿上美美的裙子，再遇见沈大安时，与他会心一笑。

　　中考百天誓师后不久，楼小楼有些崩溃了。她每晚既要熬夜完成大量的作业，还要忍受饥饿，心情自是糟得没话说。可一想到沈大安那恣意随性的话，她就又振作起来。似乎只是为了赌一口气的坚持，在中考那天悄悄站上体重秤的楼小楼惊喜地发现显示屏上的个位数由八变为了二！飘飘然的楼小楼在晕乎乎的情况下结束了中考，她自然没有傻傻地去问连书都没翻过的沈大安考得怎样，而是继续进行她的减肥大计。不得不说上天把应该给楼小楼的好生之德一个喷嚏打飞了，毕业典礼那天是暴雨倾盆，气温骤降就算了，还直接把操场给淹了！楼小楼气得在楼梯口愤然怒骂，原本计划的一见钟情、再见倾心就此和操场上的廉价草皮一起被雨水冲走了。

荡漾了十几天的心在知道沈大安他爸花了十几万把分数只考了别人零头的沈大安送进了本市最好的私立高中时，楼小楼打算和沈大安双宿双飞的心犹豫了。当再得知本来可以上市高中的自己只得了县高中的分数时，世界都崩塌了！即使父母与朋友将此归于发挥失常。

楼小楼一直是个头脑清醒的人，仔细回想一下便知道问题出在哪里。于是在沈大安提出要正式见一面时，她明确地拒绝了。其实，直到高一寒假里听说沈大安交了一个女朋友，两个人家世相当，姑娘也貌美可人，楼小楼才真正放下，可谁又知她的辗转反侧。

没人看见，楼小楼删光了所有她和沈大安的聊天记录，并在日记里写道：我用空白的聊天记录自欺欺人，以至于骗了所有人，他们都不知道有这样一个你，在我的回忆里。

楼小楼知道，即使同在一个小城，截然不同的家族环境却可以阻隔所有。她也知道，她没有资格放纵。

她的世界里，和沈大安，相见是偶然，分别是必然。

这一路青春不绵长

果　舒

喜欢一个人的时候，会觉得自己"卑微到了尘埃里"。当我真的了解这句话的意思时，你已经在我心里住了好久，挥之不去了。心情开始喜怒无常，眼睛开始在走到一个地方停下时自动四处张望，冥想时脑海中会不自觉地跳出一个人的身影，而造成这一切的罪魁祸首就是你——温阳。

温暖的太阳。对于我，你就是这样的一个存在。

为什么会喜欢上你呢？是因为你那温暖的笑？是因为你笑起来的时候会露出我喜欢的两个小酒窝？是因为你那善良的性格？还是因为总是上课打瞌睡却还是成绩优异的你可以为我讲题？都有吧。具体是什么，我也说不上来，或许是你不经意的一个回眸轻易地就俘获了我的心也说不定。

下雨天的时候，走在雨中的小城里，会突然想起你。还记得你在某个下雨的星期天里遇到我，我慢慢地走在青板路上全身被雨淋得湿漉漉。你撑着把伞很诧异地看着我，半天吐出一句话说："你失恋了？没事儿淋什么雨啊？"我知道当时我很狼狈，最难堪的是自己最狼狈的模样被自己最在乎的人看到了。我第一个想法就是赶紧逃跑，实际上我也是这么做的，但我的动作始终没你快，刚准备跑就被你拽回来了。你把伞塞到我手上，脱下自己的外套撑在身边的一个女生头上，那女生看着我有点儿娇羞。你温柔地对那女生说，走吧。我撑着你的伞站在原地，半天都没有迈出一步，你的背影在昏暗的雨天渐行渐远。雨越下越大，急忙走过的路人不小心踩到了水洼，污水溅了我一身。我自嘲地笑了笑，你把唯一的伞给了我，却用自己的外套为另一个女孩儿挡风遮雨。

每次走到公交车站，都会突然想起你。那天，就是在公交车站等车的时候，你走过来拔掉我的耳机眉头微蹙起对我说："你不知道老戴着耳机对耳朵不好吗？"你把挂在脖子上的耳麦取下戴在我耳朵上，"这样好多了。"你满意地看着我笑了笑，细碎的阳光落在你的眼眸里，一时间让我看呆了。公交车迟迟不来，我希望公交车能来得慢点儿，再慢点儿，让我能和你待久一点儿。

有一天我上公交车的时候，一眼就看到了坐在前排的你，我满心欢喜，却又马上感到心里酸酸的，像突然嘴巴里被塞进了一个柠檬一样，酸得让人想掉眼泪。你和一个女生坐在一起，那个女生靠在你的肩膀上，你和她共享一副耳机听着歌。你没有注意到我，眼睛看着窗外，偶尔回过头，目光落在女生恬静的脸上。我坐在你后面，眼睛看向窗外匆匆而过的风景。我在想，你一个人的时候不喜欢戴耳机，却喜欢和她共享一副耳机，分享同一首歌。

夏天的时候，知了在校园的香樟树上撕心裂肺地叫。你坐在我后面指着我的一头及腰长发对我说："大夏天的你这样不热吗？"我嘿嘿地笑了笑，不解释。我不分四季地把头发放下来，上课的时候无论多热都不扎起来，是因为有个人，他总会在上课的时候犯困然后趴下睡觉，我怕他会被老师发现，于是想用长发为他遮挡一些不必要的责骂。而那个人，就是你啊，温阳。但你应该不知道吧。

我书包里总有多一份的作业本，是因为有个人总会把作业本落在家里到学校后无法准时交作业，只能拿新的作业本再写一次，而这个人的书包里是不会出现多余的本子的；我会多准备一份早餐带到学校来然后故作愁恼地说："老妈又以为我没吃给我带早餐了，该怎么处理好呢？"接着就一副可怜兮兮的模样把早餐举到你面前要你帮忙，因为我知道有一个人总是因为睡了懒觉而没时间吃早餐就来上学，可偏偏这个人又是那么好面子不喜欢接受别人的东西，必须要给他找个台阶他才肯"勉为其难"地"帮忙解决"；我会在买零食的时候多带一瓶绿茶，然后一边抱怨小卖部老板又算错了账一边把它塞给你，我知道有个人最喜欢的饮料就是绿茶，而这个人就是你，温阳。不过你不会知道，不会知道，我一直在用自己的方式默默地喜欢着你，喜欢了很久很久。

我喜欢挑需要讲解很久的题让你教我，我喜欢你讲解题目时的专注神情与好听的嗓音，即使那道题我已经学会了。

呆瓜维欣说我真傻，那么喜欢温阳为什么不敢大胆说出来呢。我诧异地看着呆瓜，连忙否认。我以为我把心思藏得够深了，可是温阳，连我以为最傻的维欣都看出我喜欢你了，你这笨蛋怎么就毫无知觉呢？

我想我是知道原因的，你喜欢的是宋婷，那个你会和她共享一副耳机的女生，那个你可以用外套为她挡风遮雨的女生。你会在我请求讲题的时候说烦，却对她的要求百依百顺；你会在打完球后在操场像我自动搜索你的身影一样找她所在的具体方位，然后奔向她抢过她的水喝，却直接无视我拿着矿泉水伸出去的手；你会时常对她笑时眼眸夹着细碎的阳光，脸颊上露出两个好看的小酒窝，只是因为她无意地说"我最喜欢你的小酒窝了"。

我努力地做你会喜欢的事，努力地把你喜欢的变成我也喜欢的，但是无论我怎么努力，我始终没有办法住进你的眼睛。

你永远也看不见我最爱你的时候，因为我只有在看不见你的时候才最爱你。同样，你永远也看不见我最寂寞的时候，因为我只有在你看不见我的时候才最寂寞。

三年的暗恋，不长，也不短。得不到的才是最好的。在青春的这段韶华里能遇到你，我已经足够幸运。即使你喜欢的不是我，那又如何呢？

遇到一个喜欢的人，在自己最好的年华里，是件多么不易的事儿啊。他的一颦一笑，都是青春的记号。温阳，尽管我不能住进你的眼睛里，但我至少可以拥抱你的背影。

夏果果丢失了她的糖果

黑猫籽籽

1

夏果果是个活泼好动的姑娘。留着一头乱糟糟的齐耳短发，最喜欢的就是骑着单车让风将她从不梳理的头发吹得更乱，只因为风吹在脸颊上的感觉很舒服。

这一天，夏果果骑着单车疯子一样冲进初夏的阳光里，目标锁定在前方十里外的数学补习班。就在夏果果蹬车蹬得正起劲儿，速度越来越快的时候，正前方一个急速驶来的白色影子已到达了距夏果果不到两米远的地方，且正在无限放大轮廓。刚还陶醉在日光浴里的夏果果，顿时愣了神儿。下一秒，天旋地转。

"喂！你这人，怎么这样？！"被撞得屁股生疼的夏果果刚从地上爬起来就冲对面的肇事者大吼。定睛一看竟还是个英俊帅气的美男子。

"抱歉。"美男子……不对，肇事者只是轻声向夏果果道了句歉便匆匆离开，这让夏果果心里的霸王龙瞬间愤怒地咆哮起来，只是刚要张开血盆大口进攻时，才发觉那个白衣美男早已不见了踪影。

恐怖分子？暗恋我的人？还是冒失超人？难不成是清朝穿越过来

的八阿哥？夏果果毫不客气地开始了天马行空的想象。

2

走进补习班的时候，离开课只剩五分钟了，简陋的教室里挤满了学生。但夏果果并不担心，因为她知道会有人早就为她占好了位子。果然不到五秒钟，贴心闺蜜达达站起来向她招手："果果，这边！"

夏果果扬了扬嘴角，在全班好奇的目光下，骄傲地走过去坐下。

"果果你怎么来这么晚？可惜你没有看到刚刚有一个帅哥走进来秒杀全场啊。快看，就是我们左边的左边后排那个穿白衬衣的男生。"花痴达达两眼放着红光。

夏果果不屑地转头看去，这不看可好一看吓了一跳，那眉眼，那身形，分明就是之前撞倒她只说了一声抱歉就消失了的八阿哥么，不不不，是美男子，不对是肇事者。

就在夏果果还在一脸愤恨地瞪着丝毫未觉的八阿哥时，上课铃响了。夏果果只得转过身去一脸愤恨地瞪着无辜的数学老师。

3

"喂，你做什么？"白衣少年皱起眉头却还是帅气得让女孩子们惊呼不已。

夏果果站在被她一股脑儿撒在地上的美男子的书堆里，弯起月牙眼笑着说道："我做什么？帮你补偿你的过失呗。"

少年眯起眼仔细打量着眼前这个张扬跋扈的少女，虽然有张乖巧精致的脸，行为举止却如此令人讨厌……好像的确有些面熟。

"八阿哥，我告诉你，我夏果果可不是一句'抱歉'就能打发得了的！"女孩儿眼里充满不屑，丝毫没有察觉她说了一个奇怪的名字。

是了，是之前因忘带书本匆忙去取时路上撞倒的冒失姑娘，少年望着站在对面怒气冲冲的女生，明白了一切，便微微笑道："你好，我叫岑漠。之前是我不小心撞倒了你，我道歉，如果只是道歉不够的话，我还可以答应你一个不过分的条件。"

夏果果看了看眼前这个笑得像天使一样的少年，又低头看了看被自己乱撒一地的书本，羞红了脸不知所措。

岑漠看着眼前叫作夏果果的女生的脸变成了可爱的樱桃红，不知不觉中扬起了嘴角。

4

岑寂的岑，漠然的漠。

真是个好听的名字呢。夏果果撑着脑袋望着无星的夜空想。

刚才达达发来短信说，岑漠是另一所学校的初三生，人气好到爆，虽说是王子级的大人物，却一点儿也不冷傲，反而是个热情开朗的男生，还有不少女生给她写情书告白，他一概不作回应，至今连一个绯闻女友都没有。

夏果果不明白达达打听这些八卦做什么，于是马马虎虎回了一句"管他呢，反正咱俩两个月的吃货生活够滋润啦"就发了过去。

夏果果觉得岑漠是个长得很好看又很绅士的男生，今天下午的事本来可以让她爽很久，可是没想到岑漠竟那么礼貌地向她道歉并答应了条件，这让夏果果对自己的小气量惭愧不已。

可是当夏果果坐在床上掀开裤脚，看到那一大片的青紫时，她的惭愧瞬间消散得无影无踪，取而代之的是龇牙咧嘴一遍遍对岑漠的诅咒，并坚定起誓一定要在一个月内搜干岑漠的腰包。

另一边的达达收到果果的回复，输入的字句删删减减最后还是把那句"其实我想说我觉得你和岑漠挺合适的"回收进垃圾箱。

5

正值炎暑，很多同学受不了烈日买来冰棍和雪糕，体验短暂的冰爽感。

夏果果跷着二郎腿悠闲地叼着手中价值四元五角的"圣兰蒂雪"，完全视站在一旁正满脸心痛与悲愤的岑漠为空气。

短短几天，夏果果和岑漠的关系就直升为主子和仆人了。

就在这时"空气"再也忍不住地说话了："果果大人，请您饶了我吧，我每周只有那么一点儿零花钱，您一天就能花得一干二净，您叫我如何向我妈解释这不翼而飞的人民币啊？"

夏果果貌似没听见地抬头看了看刺目的太阳，扔掉刚吃完的雪糕棍，站起身，缓缓向岑漠展开修长的手。

岑漠顿时泄了气，哭丧着脸摸出口袋里最后的两元钱，乖乖奉上。

6

日子安静地过去许多。阳光透过槐树叶洒下来，将整片地分割得斑斑驳驳，门口那家小卖部的雪糕生意越来越好。夏果果换上了她那件皱巴巴的米色短袖，坐在窗边盘算着下课让岑漠买哪种雪糕好。

这几周，夏果果对岑漠越来越不客气，岑漠也一直履行着自己早就后悔了的诺言。

夏果果觉得和岑漠在一起蛮快乐。或许是性格都很开朗善良的原因吧，夏果果自恋地想。她并不是不知道，其实岑漠要比自己优秀得多，但是她并不自愧，她认为朋友之间管那么多层层条条干什么，又不是等级制度。于是依旧很无赖地收纳岑漠在阳光下灿烂完美的笑容，依旧在很多女生羡慕嫉妒恨的目光里蹦蹦跳跳地向岑漠讨贵得离谱的雪糕吃。

7

当夏果果发觉自己喜欢上岑漠时已经到了夏末，她早就不会指挥岑漠给她买这买那了，他们之间的不平等条约，终于在夏果果因吃坏了肚子请了一天假后结束。是夏果果主动提出的，这让她被自己深深感动了。

虽然没有了不平等条约，但他们之间还像以前一样整天打闹在一起，两个人说话都毫不客气。只是夏果果发现，不知从什么时候起岑漠笑的时候眼里开始浸着不大不小的忧伤。

那一天下午第一节课后，岑漠站在夏果果面前，微笑着缓缓展开的右手里放着一颗绿皮糖果，阳光在那时洒满了他干净的脸，让夏果果呆了好久以至于忘记了应该砸他一拳训他吝啬。

夏果果不知道，在她低头看向岑漠手里的糖时，他的笑容里，盛满了忧伤。

当天晚上夏果果含着青苹果味硬糖抬头看星空的时候，脑海里满满的全是岑漠，这让从未喜欢过的夏果果慌了神儿，脸红了很久。

后来夏果果一直在想，如果那个时候就打电话对他说了喜欢该多好。

8

第二天夏果果却没有见到岑漠。对岑漠的不告而别她一开始以为只是请病假，所以并没太在意，可是几周过去了看着岑漠空荡的座位她越来越不安，暑期补习班结束后，夏果果拉着达达找到了岑漠的家，结果却被告知岑漠一家人早在三周前就移民法国了。

夏果果听后，沉默地拉着达达离开，在走到一棵白桦树下的时候，她终于扑到达达的怀里痛哭流涕。她说，她好想岑漠。

她说，她喜欢岑漠。

白桦叶被夏末的凉风吹得哗哗响，将那句"我喜欢他"抽干在空气里。

夏　果　果

开始喜欢上了青苹果味，什么都要有青苹果味：青苹果味糖、青苹果果汁、青苹果奶茶……朋友们都刻意逃避那种又酸又涩的味道，唯独我喜欢。因为那股酸涩沿舌头钻进嗓子眼儿里的感觉，总能让我想起他，那个在夏日里给了我温暖和阳光的男生。

开学了，我变得文静温柔起来，朋友们都惊异于我的变化，我只笑笑不做答复。班里有个男生对我很好，但我怎么也无法将岑漠的影子与他重合。

前几日学校要举行画展，我画了一幅交上去，得了优秀奖，被裱起来挂在展厅墙上。很多时候我都要站在那幅画前很久，然后想起那个夏日般美好灿烂的少年。我画的是阳光下的岑漠展开手来，一颗绿皮糖果在手中央，他温柔的脸上绽开出一个大大的微笑。我为这幅画起名《一夏》。

我总会在阳光洒下来的时候想起他。他安静地来到我身边，照亮了我的世界，然后又匆匆离去，就像这阳光。

他送我的青苹果味糖果，我只吃了一半，剩下的一半我放进铁皮盒子里，可谁承想这半颗糖会成为我唯一一件有关他的东西。昨天看的时候，它不见了。盒子里只剩下一张沾着黏液的糖纸。我拿在手心里，融化的糖水像极了眼泪。

我悄悄在挂着《一夏》的墙上写下一串字：你用你的微笑，美丽了我的世界。你送我的糖果消失不见了，你回来好吗？

岑 漠

画面定格，我按下快门。是我一直梦想的埃菲尔铁塔。轻轻一抬头，看到浅蓝色寂寥的天空。冬日法国巴黎的街道，冷清得瘆人。我常常去附近的咖啡店，听一曲清雅的钢琴曲。

我常常会想起夏果果，那个有些傻有些刁蛮还有些可爱的女孩子，我有时也想不明白，我们认识了只不过一个月，分开了一个月，我就这样地想她。

是喜欢她的吧。从她潇洒地搜刮了我身上最后一元钱还得意地向我显摆的时候开始，从她无礼地向我提出不平等条约开始，从她羞红了脸开始，甚至从她狠蹬她那辆除了车铃不响哪儿都响的自行车结果被我撞倒在地开始。

一切从一开始就开始了。

我在下午六时登上回国飞机，去取未处理的邮件。顺便，去看看她。

第二天我在黄昏去了她所在的学校，可是当我看到她安静地冲她身旁的男生微笑时，却怎么也无法再踏出一步。夏果果，变乖了呢。

我在画展厅里看到了果果画的《一夏》，画面上用铅色笔分明画着那个夏天我送她糖果的样子，只是眼睛里，被她画出了光。也不知道是不是我的错觉，我竟从笔迹里寻到一丝忧伤。

那颗青苹果味儿的糖，是我送她的最后礼物，我曾在糖纸上偷偷写上了"我喜欢你"四个字，我想果果一定没有看到吧。离开的时候，我看到画框下有一串小字：你用你的微笑，美丽了我的世界。你送我的糖果消失不见了，你回来好吗？

阳光晒得我的脖子痒痒的，眼里的泪水就要夺眶而出。

对不起，果果，我无法回到你的身边。

对不起，果果，我不小心给了你无望的想念。

对不起，果果，请忘了我。还有，我喜欢你。

火 中 取 栗

蓝格子

语文老师在台上讲述"火中取栗"的典故时，每个人都为猫的愚蠢感到好笑。而年又又却一副正经模样，缓缓来了句，"阿格，你说那只猫是不是喜欢猴子呢？"在接到我诧异的目光，却并没有得到明确答复后，她自顾自地又来了一句，"你说有可能对不对？"

我突然想起年又又好像就是那只猫。让人觉得可笑之时又有些同情的一只猫，而她心心念念的少年恐怕就是那只猴子。

突然下起的大雨让很多人乱了脚步，已到秋季，尽管还弥漫着遗留的夏的气息但也会让人感到寒冷。对于那些要风度不要温度的短袖党来说，这更是一场考验。

年又又正在我面前嘟囔着手中的格子伞，却又在无意中捕捉到一抹背影而匆匆离开甩我一人在原地。我顺着她的方向看过去，不禁低下头，一场虐心剧好像又要开始了。

远方正淋雨的人便是传说的许然，年又又心心念念的少年。干干净净倒也称不上帅气，可以看过眼的成绩较睿智学霸年又又却也有很大差距，一米七五的身高足以在人群中轻松寻找，可搭上一米六五的年又又总觉得有些别扭。

明明是不相配的。

是谁说过那么一句话，上帝分配给每个人的都是公平的，然而年又又证明了这一观点。

在得到智慧之时上帝也毫不留情夺去了她正确的审美。就我而言，许然是配不上年又又的，尽管她在他面前卑微得像一棵小草。

年又又低着头走过去全然没了刚才的勇气，从我的角度看过去她的脸微红，一副娇小可人的模样。而许然在那儿反而进退两难，头发被雨打湿了一些顺从地趴在额头上，不知轻声说了句什么，年又又一脸沮丧地回来，带着那把伞。

"他说他不喜欢格子伞……"年又又软趴趴的声音在雨中显得无比俏皮。虽然在听完这番话后我无比疑惑，年又又的智慧是被狗给吃了么？这么简单的推辞难道听不出吗？

"你说我下次买把碎花伞好不好？"见我不搭理她，年又又接着又说了一句，一脸热忱眼中泛光仿佛预见了美好的未来。

我不知该骂她傻还是该夸奖她的坚持。

当然，没过一会儿，年又又的美好便被现实"砰"的一声打破了。

许然正在前方和身边的女孩子共用着一把伞，看不清背影凭直觉却也能想象到其美丽。重点是，许然手中拿着的是一把格子伞。

年又又突然就停了下来，丢了伞一个人站在雨中不说话，像丢了魂一般。

我认真审视面前的女孩子，这就是年又又，在演讲台上口若悬河看见许然却会有些结巴；乐天派的性格却不知哭了多少次，次次说要放弃却又在许然不经意的一抹微笑间重新沦陷。

反反复复像个金刚，而如今恐怕真的累了，倦了。

"阿格，我觉得那只猫真是个傻瓜。"

嗯，你也真是个傻瓜。

淋了很久的雨，年又又却依旧没有感冒，生龙活虎地跑来跑去，当然其中多是和一个叫林燃的男生一起。

具体事情是这样的。

那日淋雨途中，一个男生突然递过来一把伞，这种善意的行为却不知触动了年又又的哪根神经，她突然大喊起来："我都没人要了，还要伞干吗！"

男生倒也霸气，紧接着来了一句，"那我要你得了。"这倒是镇住了年又又。

当然，年又又还算执拗的性格倒也没那么容易改变心意，只不过他们打得越来越火热，希望好像就在前方。

年又又总是爱这么跟我形容林燃，说他是下雨时捡到的王子。我只是笑却不言语。

我想年又又一定不知道林燃偷看了她多少次却被她一一忽视，在说出霸气的话语时声音竟有些颤抖。

亲爱的小猫年又又，在你做傻事的同时怎么没有注意到旁边有一个和你一样的傻瓜呢。

当然，我更不会告诉你，我知道许然偷偷地跟林燃说过一句话。

"请你好好照顾她，我也很感谢她喜欢我。"

025

我是他的云淡风轻

立刀旁

已经很习惯两天六科的小测试了，毕竟已是高三。高三初期，怀着敬畏的心情，磨拳以待，跃跃欲试，似乎一切都在股掌之间，脑海之中。

在教室门口碰见你，自然是欣喜的，虽然你就在隔壁班，而且我相信向你打招呼的我一定是眉开眼笑的。

你如往常一般潇洒自然。我坐到位子上时应该还是带着笑的。猝不及防，下一刻惊喜造访。我感觉自己简直就像是一个端茶、倒洗脚水的粗使宫女，由于长年累月在皇上面前晃悠，含而不露的内在美如春风雨露滋润了不识人间真爱的皇上。皇上发现自己悄然而生的情愫，用赏赐笨拙地表达着圣眷。此刻我真想高声欢叫，吾皇万岁万万岁！虽然事实是我在自己的抽屉里发现了一个好丽友派，下面有一张便利贴，上面写着"加油！"落款是他的名字。

如若把这青春校园剧转换成古装宫廷剧，这个好丽友派与冰山雪莲、千年人参是起同样效果的道具。我不由得咬紧了唇，他，怎么会？怎么会这样做呢？拿着好丽友派的我受宠若惊，不知所措。我深呼吸以求镇定下来，脑袋里是一团找不到线头的毛线。

呼……呼……呼……

我欣喜，欢快，激动，惶恐。我想见到你。

不是什么特别日子，与你也没有什么特别的交集，这个好丽友派是什么样的存在？

心不安分地喧嚣着，特别想证明些什么，搜刮脑海，用尽一切论据想把自己引向最期望的结论。闭上眼，你是跳跃的扑不灭的光。我开始明白飞蛾为何扑火了。不过是心之所向，难以把持，迷惘而固执，蠢得可爱。

故事应该在哪里说起我不知道，是什么时候不自觉将目光倾注在你身上？是什么时候开始对你抱有非分之想？只是到发现时，已经没有清晰的缘由可辨了。朦朦胧胧，恍恍惚惚，不可自拔。

有一次，同学们都在折小星星，这幼稚的小玩意在班里不断扩大影响范围。当看到你也在把玩的时候我轻轻笑了。你转过来说："送给你好了。"很随性，并没有多余的表情。而我悄悄地把它珍藏起来。后来那颗星星居然不见了踪影，我翻遍各个角落都寻不到，我责怪自己的粗心，真想惩罚自己不吃晚餐。

我忏悔着，为了一颗你随性而给的小星星，是不是有些可笑？

还有更蠢的事。

因为找不到笔管，只有笔芯，我居然去隔壁班跟你借笔壳，看着你把手里正在用的笔拆开拿给我。男生用的笔，简单不花哨。你的手干干净净，指节修长。我多么想就这样站在你面前看着你，不离开。尔后我回想起来，不止一次被我的奇葩行为惊艳到。

为何我要去隔壁班跟你借，难道周围的同学都是没有笔的稻草人吗？为何我不能直接跟你借笔，难道我自己的笔芯碳元素排列更完美吗？我仰天咆哮，我是傻子啊！可能只是因为我想见你，不过是不清醒没理智的想念驱使的奇葩举动。

那时即便在同班也常常故意跟你借东借西。有一次跟你借笔记，你表示怕我看不懂。我醉翁之意不在酒，说什么字我都看得懂。一边欣赏着你率性的字迹，一边再跟别的同学借笔记。

我们相处的日子不多，可是事无巨细我都记得。我哪敢争取什么啊，在喜欢的人面前深深自卑，越发觉得自己与他不般配，哪有仅凭一方的喜欢就能有童话中的美好结局？在王子身边，不是公主也得是貌美如花的灰姑娘啊。

你是心底的朱砂，你是心里的火花。

拿着好丽友派，我想着自己对你来说难道是有些不同的吗？会是这样吗？不行我得问清楚。

我站在你教室门口措着辞，不知道该问什么。与其说我想知道些什么，还不如说我期盼你说些什么。

我拿着好丽友派问："这个，是你的吗？"剧情不该是你笑着回答："嗯，给你的，加油！"这样子吗？

可是事实是，你皱着眉头，不明所以，然后说："好吧，塞到我书包里来吧！"什么啊！呜，当真不是给我的吗？当真是我自作多情了！太丢脸了。

若事止于此，可能故事不会悲伤。

第二天，一个女生来找她的好丽友派，说还有小玩偶兔子。她因为不见了玩偶带着委屈的娇嗔。原来是给她的啊，我心里一沉，突然感觉落叶枯草一片寂寥。

我忍住一腔幽怨与那女生说清楚事情的前后。漂亮的女生一举一动都这么让人心生怜悯。可是不要用似乎是我拿了你的玩偶的眼神和语气面对我。我想我是嫉妒了。我要用什么理由来委屈？我发现你就站在你班教室后门，刚好看着我们，不动声色，却依旧吸引着我的目光。

不过，你像天边的云，越来越远，我可以看见，却抓不到。我混乱了，我烦躁了，我郁闷了，我想哭了。

不是你的终究不是你的。不安分的钟情勾起占有之欲，然而它的所有者会清清楚楚宣告所有权——王子，终究不属于我。

后来，再见到他也只是简单地打招呼，没有了曾经的搜刮脑海寻找话题的热情。画个圈囚禁起那颗不安分的心。可能，你不会知道，我喜欢你。再后来，你不会知道，我喜欢过你。

到最后，我想，我是他的云淡风轻，他是我的刻骨铭心。

这一路青春不绵长

仅仅只是缅怀那段很傻很傻的岁月

林春蕊

初秋的风，呼呼地吹着。

我抬起头，树上红里透黄的树叶自上而下地飘落下来，地上满是落叶。

"落红不是无情物，化作春泥更护花。"

即使离开了，却还在守护着你。

这曾经是高三时背得滚瓜烂熟的诗句。

可烂熟于心的岂止是诗句。

毕业一年了，你，现在，过得好吗?

我和齐超的第一次见面在高一第二学期，转学生经常有，但是缘分却不容易产生。我真的不知道，为什么就那么一眼，从此以后便形成了一个结，青春劫。

直至现在我都还记得当时笑容灿烂的齐超嘴里那颗小虎牙，而不知道印象中齐超身后的阳光是否真的有，还是仅仅只是齐超在我心中闪耀的光而已了。

可是，齐超是有女朋友的。

青春期最大的悲伤莫过于喜欢的男生他有了喜欢的女生，而那个女生不是你。所以，我的青春期伴随着暗恋的阵痛，而暗恋就像是生活在自己的世界里，胡思乱想。就现在的自己而言，那个时候的我就是一个女神——经病。

我性格活泼，很快和齐超打成一片，最大的好处就是他的很多消息我不用从别人嘴里知道。但是越接近，我越喜欢齐超，距离会产生美，没了距离更美了。我开始默默无闻为齐超做一些事情，不论大小。暗恋最美的意义是，你心甘情愿地为他做很多事，奉献自己所有的力量，因为觉得自己对他来说有那么一点点的价值而感到高兴，即使卑微也心满意足，心花怒放。

可是暗恋始终是见不得光的，而当我越陷越深掩饰不住眼神里对齐超的光时，旁人也看出端倪了，流言蜚语开始满天飞。现在想起来，若说曾经哪件事让我后悔不已，那就是喜欢一个人没说出口，却也没瞒住。敏感的我听见自尊心破碎的声音，深夜在寂静的宿舍里咬着被子，无声地痛哭。没有人知道我的悲伤，我舔着自己的伤口等待愈合，暗自发誓忘了齐超，以后专心学习，考上大学。

我决定远离齐超的同时，他也有意地疏远我，我们不约而同地彼此闪躲、沉默。真的很可笑吧，那么喜欢的人，就这样成了熟悉的陌生人。很多次，放学后我都偷偷地跟着他，然后突然难过，看着他的背影流眼泪，除了我自己，没人知道。我的暗恋是寂寞又灰暗的。

我开心的时候会觉得齐超疏远我是因为流言太难听了，他是迫不得已的，就算他对我没感觉，可是他还是把我当朋友的；难过的时候，我会觉得齐超很残忍，我很可怜，然后一直催眠自己：我恨他，恨他，恨他。然后又一个人偷偷地哭泣，觉得自己喜欢他是迫不得已的，我也控制不住自己的心啊，为什么他要这么对我？为什么大家要这么对我？我像个疯子顾影自怜，一个人自导自演。

高二那年，齐超生日那天，我精心准备了礼物，可是那个小小的礼物至今还躺在我房间最底层抽屉的深处，落满灰尘，如同那些年我丰富多彩的内心活动，被主人刻意遗忘在了时光的长河里了。我没有勇气送出这份礼物，我多么害怕那一份期待会被嫌弃。与其失望，我选择了不给自己希望，假装骄傲地继续和齐超僵着，我刻意昂着头，在偷偷地骗自己，是我先不想理你的，那些人都是胡说的，我才没有喜欢你！

　　然而这份喜欢在高三那年有了最好的转化，它成了我最大的动力，我把它变成屈辱，逼迫自己学习，我要考上好的大学，彻底远离齐超，而且还要考得比他好。这是这场暗恋最变态的地方，我把喜欢的人当成仇人，不断吸取向上的能量，一想起他就充满力量，天天熬夜奋斗。当努力学习成为习惯，当疲惫得闭上眼睛就睡着，当越来越没有时间想起齐超时，我恍然间觉得齐超就快从我的生命中淡出去了。我全身心都在备战高考上，完全没有时间关注齐超，只是会偶尔在某个熟悉的瞬间想起，心会难受那么一下下，但是很快就被繁忙的学习节奏所覆盖。我永远都不会忘记那时努力的自己，每天看着太阳从地平线升起，用完的笔芯堆满笔盒，即使不快乐，却也感谢不停止脚步的自己。

　　高考那天原本应是炎热的，可是沿海城市在夏季总要迎接台风的洗礼。那天，下起倾盆大雨，我从家里到考场门口的时候，全身湿透，在风中瑟瑟发抖。我张开双臂被监考老师用机器检查身体的时候，齐超迎面走来，我们看着彼此，没有说话。擦肩而过的瞬间，我听见他小声地说了句"好好考"，我反应过来的时候，他已经走远，我只是在心里回应着他"嗯，你也是"。

　　最终的结果是，我们都只考上了二本。我不知道他对这个结果满不满意，但是知道成绩的时候，我哭得很惨。看着相差一本线10分的分数，我把自己锁在房间，关掉手机，不愿意见人。这一次，我哭是为了自己，我心疼自己，也心疼那些努力，对不起，最后的最后，我没有给那些不分日夜、埋头苦读的日子画上一个圆满的句号。

　　闭门在家的日子，我换了手机号，换了QQ号，除了要好的姐妹，彻底与过去断了联系，也彻底与齐超失去了联系。是的，我想给自己一个新的开始，齐超已经占据了我的内心世界两年半了，我不打算选择表白，那么也是时候把他抹去了。其实，我换了联系方式那又怎样呢？一直都是我自作多情，其实不管怎样，齐超怎么会联系我呢？没有理由也没有必要。而我也只是想给自己一个忘了齐超、开始新生活的心里安慰而已。

　　后来，我再也没见过齐超，他也没联系过我，这场暗恋也就这样无疾而终了。只是前天我翻出一部旧电影来看，看到片尾的时候，我哭得稀里哗啦的。舍友都问我怎么了，我不知道怎么跟她们说我那段像个傻子般的过去，只是自己一直抱着膝盖哭。那部电影叫《初恋这件小事》。我想起这部电影上映时流传的一句话——如果你暗恋的人刚好也暗恋着你，那是多么幸福的事啊。可是这么幸福的事，我没有遇到，那么齐超，我祝你幸福，即使这段青春不够美好，总好过没有遇见你。

这一路青春不绵长

那段甩刘海儿的岁月

骆 阳

那是一段流行甩刘海儿的岁月。

我总是习惯向左边甩，久而久之，喜欢上了我左边的一个女生。她叫桓美，在日记里我叫她美美。有的时候，向左边甩一下刘海儿，看到她一只手托着下巴认真听课；有的时候，向左边甩一下刘海儿，看到她疑惑地盯着我，我便说"不好意思，习惯了"，她都会笑笑然后继续学习。

我们之间就隔着一条窄窄的过道，她排在班级前五名，我排在后五名。每当老师在全班同学面前说"同一间教室人家能学好你怎么就不行呢"时，脑袋里都会浮现出老师单独指着我说"就隔一条过道人家能学好你怎么就不行呢！"的画面。

于是我决定发愤图强，这样一来不仅可以为讨桓美欢心打下坚实的基础，还可以从此不被数学老师耳提面命。并且我还放弃了打篮球，因为我过人和上篮的一系列动作堪称完美，完美得像一只在南美洲热带雨林里穿梭的大猩猩。被她看到可不妙。

正可谓是有付出就有收获，期中考试我的数学成绩上涨了一些，虽幅度不大但还是值得高兴的。我向左甩了一下刘海儿："桓美，我这次进步了呢，值得表扬吧。"我欢快地为自己鼓掌，脸上洋溢着如沐春风般的笑容。

后来，甩刘海儿更加风行了。

有的男生甚至把刘海儿染上颜色，我也不甘落伍，把刘海儿染了白色，每天朝着桓美甩动的时候便多了一份自信，心里还念叨着"迟早有一天你是我的"。

一天班主任突然把染了刘海儿的同学叫起来，说道："我就是看看到最后能有多少染的，你们还以为我不管啊，没想到还真多啊，告诉你们，染了的统统罚站、叫家长……哟，还有你啊，陆广川！你不是步入正轨了吗现在！"我说："老师我这是涂改液。你看这还能抠下来呢！"

那之后的一天同桌翻了我的日记本。他一边把臭脚搭在我的椅子上一边抠鼻子："怎么处理呢？是公布呢还是公布呢……"我一把抱住他的大腿："小的从此甘愿当牛做马。"从那之后，下课我就会冲进商店给他买烤肠，冲进厕所给他抢位子，冲进雨中给他撑伞，就差冲到他面前为他挡掉从讲台上飞下来的粉笔头儿了。

这时候班上的同学除了甩刘海儿还开始纷纷猜测我们之间的关系，有人说他是我失散多年的表哥，竟然还有人说他是我……就连桓美也过来问我："你们是？"其实我特别想回答她："我们什么都不是。我现在这副样子都是因为你。"

最终同桌没能承受住舆论的压力，把我放了。

没过多久我们就初三了，每天加了不少课还开了晚自习，老师也每天都会强调一遍"再不努力可真就完蛋了"。我也开始认真读书，希望能和桓美念同一所高中。有的时候也忙中偷闲向左边甩甩刘海儿。

中考成绩出来的时候我打电话查询了，分数刚好能念实验高中。

一个炎热的午后，我在自家的田地里拔草。桓美竟然来这里找我。

"你怎么找到这里的？"

她笑笑，说道："广川，我要回家那边念高中了。"

我也笑笑，心里想这么烂俗的情节竟然发生在了我身上。

"那我还有一点儿失落呢。"

"你很棒！一开始谁也没想到你能考上。"

其实我特别想说"都是因为你"。

"桓美。"

"嗯？"

"以后常联系。"

"当然。以后有机会我邀请你去我家那边看海。"

清风拂过绿油油的田地，小麦摇晃着，阳光也柔和下来随着风儿晃动。我再次向左边甩了下刘海儿，看到了清秀的桓美和清爽的夏天。

如今，我已戒掉甩刘海儿了，因为我的左边早已不是那个人和那片天空。

待我长发及腰

小　雅

　　"顾湘洋，你就不应该留长发！"后桌的若谷边扯着湘洋那再过几个月就能及腰的长发边说。湘洋不耐烦地转过去，顺势往嘴里塞了把爆米花，鼓着腮帮子问为什么。"人家留长发的可都是淑女，哪像你整天疯疯癫癫，这不明摆着大蒜上面插花——装水仙吗！""哈哈哈！"一旁正在啃题的"老男人""扑哧"一下毫无形象地笑了起来。湘洋气得抓了把爆米花往"老男人"嘴里塞，堵住他那张血盆大口，然后甩了甩她的秀发说："你没听过《十里红妆》中写'待我长发及腰，少年娶我可好'，姑娘我留长发等着嫁人呢！"说着还不时地抛出几个媚眼，眼角瞥见"老男人"旁边静静做题目的忆云。若谷一脸认真地看着湘洋，眨巴眨巴眼睛温柔地说："你有腰吗？"哈哈哈……迎来满堂哄笑。"何若谷，老娘灭了你！"湘洋咆哮着，磨刀霍霍向若谷，追杀到操场。"老男人"忍不住发笑，只有忆云，一直那样静静地做着题，仿佛与世隔绝，湘洋的心有点儿沉。

　　一放学，湘洋就冲进学校旁新开业没多久的理发店。"老板，来个帅气的短发。"边说边把书包往旁边沙发上一扔，坐在躺椅上等着"行刑"。理发店老板挥着剪刀"咔嚓咔嚓"，湘洋的秀发纷纷"阵亡"，取而代之的是干净利索的齐耳短发，真不愧是"一剪没"啊。看着镜中的自己的样子，顿时觉得活力四射。回到家中，湘洋把个性签名改成了"待我长发及腰，少年娶我可好"。不一会儿，评论噌噌噌刷到二十多条，百分之七十的人表示这娃子病了；百分之二十五的人表示，娃子长大了，想嫁人了；百分之五，也就是若谷这个好事之徒在下面发了N个猥琐的奸笑表情后表示"湘洋，你放心吧，没有男生肯要你的"。湘洋把鼠标一直往下拖，却始终没见到那个人的痕迹。他是湘洋唯一一个单独放在一个分组中的人，也是唯一一个设置了"对其隐身可见"的人。可他从来没关注过湘洋的任何动态，湘洋的心又沉了。

晴朗的早晨，免去了梳头这样烦琐的事，湘洋的心情也跟着好起来。一进教室，湘洋的新发型便引起了同学的热议。"帅哥，这边。"若谷打了个响指。湘洋笑了笑，"怎样？够酷吧。"说着还撩了撩前额的刘海儿。"哎哟，你怎么知道人家喜欢短发的女生，真讨厌。"若谷故作羞涩遮着脸，阴阳怪气地说，"可惜，你不是女生。""哈哈哈！"又引来一阵狂笑。"何若谷，你找死。"湘洋张牙舞爪地扑上去，余光瞥见忆云，他还是静静的，不为所动。湘洋心里划过一丝忧伤。

忆云，就是湘洋口中的那个少年，沉默寡言的他对湘洋这种射手女产生了无限的诱惑力，湘洋说不清那是不是喜欢，只是希望引起他的一丝关注。然而，他的目光从未停留在湘洋身上哪怕一秒。

光棍节前一天晚上，湘洋花了一个通宵的时间认认真真地写下了人生的第一封情书，小心翼翼地用信封包好，还特地从妈妈房间偷了点儿香水喷上。没错，她决定跟忆云表白。11月11日早上，湘洋将一封粉红色的信轻轻放在忆云的桌上，忆云抬起头看了看，又低下头继续做着题目。"忆云，我喜欢你，我们在一起吧。"湘洋鼓足了勇气把话说出口，头不自觉地往下低。班上的同学开始起哄，尖叫声、掌声此起彼伏。"对不起，我不喜欢短发的女生。"忆云平静地回答，然后低下头继续做题。湘洋站在原地，眼前浮现出忆云曾在校门口帮一个短发女生提东西时怜惜的样子，她明明记得忆云曾在空间提到喜欢短发女生的干净利索，她明明记得，可是……班上所有的目光都集聚在湘洋身上，出奇地安静。湘洋一遍遍地告诉自己不许哭，不许哭，把最后一点儿尊严留给自己。可是，眼泪不听话。

"湘洋，打篮球去，走。"刚踏进教室的若谷怀里抱着个篮球嚷着，看见这个场面，马上意识到发生了什么，"上官忆云，你混蛋。"若谷将手上的篮球甩开，冲到忆云面前。"何若谷，你要是敢动他试试看。"湘洋憋出全身的力气喊道，转身便向操场跑去。

操场上，湘洋呆呆地躺在草坪上，看着天上的云，相碰撞，相融合，眼泪只是那么不自觉地滑落。湘洋不喜欢哭，只是这种情况，真的需要眼泪来渲染下效果。若谷走过来，轻轻地坐在身旁。"喏，哥宽厚的臂膀先借你用用。"还未说完，湘洋就一把搂住若谷的手臂肆无忌惮地哭了起来。"为什么？为什么我那么努力想让他注意我，可总是失败得一塌糊涂？为什么我可以因为他的一句话而把那么多年蓄的长发剪掉，可他的目光从未停留？为什么喜欢一个人这么累……"湘洋边说边扯起若谷的衣角擤了把鼻涕。"因为你是你啊，哪怕换了发型，换了风格，你依然还是你，为什么一定要让别人掌控你的喜怒哀乐？真正的爱情不是这样的……"若谷欲言又止。湘洋抬起头看了看他，澄澈的眼眸，干净而又美好的样子，原来若谷严肃的时候可以这么好看。"喏，给你的。"若谷从兜里变戏法似的掏出了几包QQ糖，是湘洋最爱的蓝莓味。一缕阳光暖暖地照在身上。

"不如我们一起'脱光'吧。"湘洋满脸奸笑地看着若谷。"不，不，你不要过来。"若谷边说边捂住胸口，做逃离状。"那算了。"湘洋站起来，拍了拍裤子上的灰尘，径直离开。"娘子，我错了……"背后传来了若谷的声音，湘洋笑着跑开了。

阳光明朗却不刺眼，温暖而又美好。湘洋不会忘记，那个知道自己难过时总喜欢吃蓝莓味QQ糖的男生；那个喜欢时不时找茬，又总是能让自己开心的男生；那个总是嫌自己胖，又总喜欢给自己买零食的男生；那个总会在自己受到委屈时，第一个站出来的男生……

当我们喜欢上一个人时，总是会尝试着让自己变成他喜欢的样子，只是，改变了外貌，却改变不了他对你的印象。所以，不需要别人来决定你头发的长度以及生活的态度。我喜欢你，不是因为你是谁，而是因为站在你面前的我可以是谁。

旧街里的少年

一 诺

每个人都是一株自由行走的花，不停地开放，又不停地颓败；不停地送走傍晚的彩霞夕阳，又不停地迎接新一天的朝露清风。

这一切都像是上帝赐予我们的礼物，心安理得地接受所有好的坏的，然后继续生活。他给你种下一个好的开始，却没有长出完美的结局。

我遇见你，故事就这样开始了。

高一军训的时候，趁着我们队休息，被队友强制邀请去别的队看帅哥美女。橡胶球场上吸热，我蹲在铁板一样的地上，用手遮住阳光，呆呆地望着前方。

"一二一，左右左……"你喊着口号，迈着不标准的步子。你在烈日下反复练习着，汗水从你的两鬓流到颚下。是谁说过，认真的男孩儿最有魅力。

你给我的第一印象是从非洲过来的，可黝黑的皮肤却盖不住你俊秀的脸庞。我眼前一亮，帅小伙一枚，鉴定完毕。队友也看到了你，拉着我的手激动得摇了几下。

那时候天气很热，你走过的瞬间我却闻到了薄荷的清香，又像有一阵风轻轻掠过，拂乱了我的刘海儿。

后来会频繁地遇到你，公交车上，上学路上。很巧的是你也认识我的朋友，我们的家都在同一个方向，只是我们一直处于陌生状态，从来没有说过话。

高二有一次，我和朋友遇见你，你们打招呼，你第一次跟我说话。朋友到家后，就剩我们俩一起走，你才知道我的名字。我们有一搭没一搭地聊着，你不知道，我表面上风平浪静，心里却波涛汹涌。

你加我为好友，你会亲切地跟我打招呼："嘿！新朋友。"你说在路上看到我很多次，有时候很想跟我说话，可是看到我冷冷的表情又怕我不理你会尴尬；你说第一次见我就觉得我是一个很温柔很文静的女孩儿。这时我在心里默默地呐喊："愚蠢的地球人啊！"

慢慢熟络以后，你开始发现我并没有你想象中那么温柔，甚至有点儿无理取闹，偶尔也会开开小玩笑，恶作剧。但不可否认的是，我们一直相处得很好。

我们是什么时候开始成为形影不离的朋友呢？

那次我们班没有上晚自习，我又不想回家，你就带我去网吧。我玩游戏的技术很差，所以不敢在你面前丢脸，点开网页，无聊得不知道该干什么。你站在我身后，说："推荐你看一部电影吧！"然后拉过键盘开始搜索。我闻到了淡淡的洗发水香味。

那部电影是王宝强主演的《泰囧》，说实话，我并不喜欢他，只是看你一脸欣喜的模样，不好意思打断你。你说已经看过一遍了，可我看你的表情怎么像是第一次看呢？从那次我才知道，原来男生的笑点也可以这么低的。当王宝强满身鸡毛出现时，你坐在椅子的扶手上笑得死去活来，边笑还边用手肘撞我："好好笑啊，太好笑了！"我无语地看着你笑抽了的脸，又看了一眼屏幕，随即跟着你大笑起来。旁边的人都一脸嫌弃的模样。

到了上课的时间，你扔给我一个面包就走了，你说下了课会给我打电话。离下课还有半小时我才发现手机没电了，我开始坐立不安，担心你会找不到我。下课后，等了很久也没有等到。我想到学校门口等你，可等了二十分钟，你还没有来，我打算回家。走进那条长长的巷子

041

这一路青春不绵长

时，没有灯，什么也看不见，我鼓起勇气往前走。可越走越害怕，这一带治安不好，晚上经常有人打架，再加上看过的恐怖片一幕幕在脑海里闪现，终于我耗掉了所有勇气，转身跑回网吧。

我向别人借了电话，准备打给你时，你气喘吁吁地出现了。我惊奇地望着你，差点冲上去拥抱你。

再后来我们每天都会一起上课，一起回家，一起吃路边摊的手抓饼，一起喝奶茶。记得我问过你，为什么我们会成为好朋友呢？你说不知道。

然后我说："因为你不喜欢我，我也不喜欢你啊！"可是，我收获了满满的感动，心里的每一个角落都充满了阳光。

那个冬天的早晨，小镇被浓浓的雾笼罩了，你早早地到路口等我，看到我出现就把早餐递过来，你一边看我吃一边和我闹。晚上下晚修走到岔路口时你会抓住我的书包，绕了好远的路送我回家。

下雪的时候，你捏好雪球放进我的连衣帽里，我也捧起一把往你身上扔。车前堆满了积雪，你在上面写下我的名字，我也不甘示弱，在垃圾桶上写下你的大名。你追着我满巷子跑。

周末的阳光甚好，你发消息说一起去广场晒太阳吧！我发了个傲慢的表情。"我才不想跟你一样变得那么黑呢，大冬瓜！""说了多少遍不准叫我冬瓜，你再叫一遍试试！""大冬瓜大冬瓜……"我边梳头边想象等下见面时你对我抢拳头的情景，索性就打扮得漂亮些，毕竟没有哪个男生会对淑女拳打脚踢的。

我穿了件粉红色的长毛衣，耳边的发髻编成小辫往后梳起，得意地想，我一个华丽的转身，肯定能亮瞎你的眼！可当我真正出现在你面前时，你说了一句："打扮得这么淑女干吗？"我想好的台词瞬间忘得一干二净，只能不好意思地挠挠头。

因为书店的座位已经满了，所以只能站着，我拍拍发麻的腿，你歪过头看见旁边没有人坐的小凳子，于是抬过来让我坐下，然后转过身继续靠在书架旁看书。我抬头看见阳光从天窗洒下来，一抹余光打在你的身上，有微尘逆光翩翩起舞，伴着你翻书的声音，我想，这样的午后真的很完美。

一个小女孩儿咋咋呼呼地跑过来问我："阿姨，请问现在几点了？"我努力克制住心里的火，弱弱地答一句："三点了……我有那么老吗？"

小女孩儿笑嘻嘻地跑开了，你阴险地看着我，然后大笑。我指着"安静"两个字让你看，你才抑制住了笑声，眼睛眯成一条缝。我嘀咕了一句："她是猴子派来的。"

走出书店一起去吃了我最喜欢的炸土豆，你突然说你生病了，有人就是因为这个病去世的。我心里咯噔一下，半信半疑地看着你，我再也不能承受在乎的人从我的生命中离开。你突然笑了，道："骗你的啦，我怎么可能会死呢！"我也笑着附和你道："要是你死了我给你送花圈啊！"

两个人一起笑，笑着笑着就觉得有点悲凉。

其实我知道你经常去医院，在空间有人经常给你留言，提醒你记得吃药，冬天你也习惯戴口罩……你跟我说过医院里有个小护士很漂亮，所以你经常想去看她；你犯病特别严重，所以要吃药；冬天太冷了，戴个口罩保暖。不说了，我相信你一定没事。

我总是很珍惜这样的小幸福，我们就像是情侣一样。当同学问起我们是否是情侣时，我都否认，在所有人眼中我们是最般配的，形影不离。

我以为高中生涯的最后一年，你还会陪我走遍大街小巷，高傲地宣布我们是最好的朋友，可是，我们之间却因为一个小小的玩笑，变成了陌生人。

又有人开始质问我们的关系，我笑笑，两个倔强到极点的人怎么可能相处得久。我们默契地删了对方的联系方式，没有再说过一句话，变成了最初的模样。不同的是，以前遇见总会不知不觉地慢慢靠近，可是现在，两个人会不约而同地走向车路的两边。真的像陌生人一样了。

那天又在走廊上看到你，我在心里默默祈祷，你跟我说话啊，然后我就回头，我们就会冰释前嫌。可是你从我身后走过，没有一刻停留。

我开始疯狂地怀念你的早餐的味道，你有没有想念我的薰衣草茶？我没有和别的男孩儿打闹，你身旁有没有跟我不一样的女孩儿？我想看你气急败坏的样子，你还会不会再为我微笑一次？

青春就是不停地和身边的人告别，带着遗憾，不停地前行。

可我还是希望，下个路口再遇见，你会轻轻地唤我，像是很久不见的老友："嘿！Pretty girl（漂亮的女孩儿）！"

莞尔的时光

　　这个时节的沿海小城正值雨季，一路上芭蕉一样的植株盛满了露水，打在这辆破旧的公车顶上哗哗作响。车内充斥着蒸汽和模糊的微光，唯独彭泽川身上那件白色的校服最为刺眼，格外松垮的单肩包就这么随着老旧的车轮一晃一晃。看见了张莞尔坐在那里，彭泽川咧嘴一笑，露出一颗叛逆的虎牙。

莞尔的时光

陈勋杰

张莞尔每日在清晨最早的那班公车上遇见彭泽川。每每此时张莞尔就想，要是能预见他在上面，自己宁愿在外面淋雨也不会上来。这个时节的沿海小城正值雨季，一路上芭蕉一样的植株盛满了水珠，打在这辆破旧的公车顶上哗哗作响。车内充斥着蒸汽和模糊的微光，唯独彭泽川身上那件白色的校服最为刺眼，格外松垮的单肩包就这么随着老旧的车轮一晃一晃。看见了张莞尔坐在那里，彭泽川咧嘴一笑，露出一颗叛逆的虎牙。

张莞尔尴尬极了，旋即转过目光恨不得忘记这个人的存在。但是怎么能忘记呢，每次考试过后彭泽川的成绩总是停留在最高的那个地方，压着排在第二的张莞尔。可彭泽川的良心不会遭到谴责吗，以作弊的方式拔得头筹不怕最终跌得很痛吗，可能他放荡不羁从来就没考虑过这个问题吧。和他狼狈为奸的是他的好兄弟楚然，数理化成绩优秀。只需要对方的一个暗号，理综选择题的答案便迎刃而解。张莞尔对这样的男生简直恨之入骨。

结果一反常态的是，彭泽川一下子坐到张莞尔的身边，手上的那串黑曜石默默散发出紫色的光，他说："张莞尔，这班公交要改线路了，你知道吗？"

"知道的。"张莞尔浅浅地说，"以后坐到终点站我再步行两站就行了，最多再花十五分钟。"

是吗？彭泽川揉了揉湿漉漉的刘海儿，说："我买了一辆很酷的越野自行车，咱俩可以一起，比步行快很多。"

张莞尔的双唇抿成一条线，过了半晌终于开口说："你的意思是你载我去学校吗？"

"帮助成绩优秀的同学嘛，难道不行？"

"少来了。"张莞尔翻了一个白眼。公交终于慢吞吞地到了站，张莞尔夺门而出，脑子里却还是彭泽川手腕上那道紫色的光芒。

依照张莞尔的看法，彭泽川莫非想摆弄一番，从家到学校有一段路很崎岖，连公交都颤抖得不行。彭泽川有什么不单纯的想法谁不知道。这天张莞尔在办公室整理英语作业，然后将大家的成绩一一誊写上去，早读课还没下，身边吊兰乳白色的花朵让人淡然。这个时候彭泽川被他爸揪着耳朵推了进来，他爸是年级主任，一巴掌打在彭泽川脑袋上，顺手将他推到墙角，骂道："隔壁楚然家院子里的那辆自行车是不是你自己偷偷买的？！"

彭泽川白色的衬衫上沾满绿色的墙漆，说："公交不是要改线了，你答应我骑自行车的呀。"

"我答应你买新的了吗？家里那辆旧的不是还能用吗？你先在这里站着，放了学哪里买的哪里退了去。"说罢他爸生气地走了。

彭泽川原本顺溜的刘海儿被弄得七零八乱，腮帮子如同鱼鳃般一张一翕。但眼眸里的倔强丝毫不见熄灭，他目光一转，和正在凑热闹的张莞尔对上。他说："张莞尔，你看什么呢？"张莞尔不想搭理他，强忍住一声响亮的笑，咬了咬笔杆子埋下头去，长长的睫毛在眼睑处留下好看的阴影。末了，彭泽川的声音又冒了出来："张莞尔，你同学被人揍了，你竟然这般反应。亏得我早上还答应用新车载你。"

张莞尔再次把头抬起来，说："你爸应该不知道你考试作弊的事情吧。我没把这件事告诉他就算不错了。"

真是大快人心。果然，彭泽川的脸一下子全红了，闷热的办公室仿佛被蚕茧包裹着让人无法呼吸。正好一阵风吹来，桌上的书本哗啦啦翻起页，彭泽川的眸子像是结了冰的湖，平静却凛冽。想说什么却又欲言又止，最后依旧习惯性地揉了揉刘海儿离开了。

谁会想到在公交改线之后依旧能看见彭泽川的身影。那辆越野自行车不知怎么回事没有被退回去，张莞尔步行的那段路程每次都和彭泽川擦肩。其实路并不狭窄，自行车每次几乎都能贴到张莞尔的裙摆。车轮碾过沙砾嚯嚯作响，彭泽川宽大的校服装满了风仿佛瞬间要飞翔起来，张莞尔每次都被这样一个危险动作吓到。彭泽川却是头也不回，面庞充满了嚣张，一溜烟成为晨雾之中一块灰色涂影。是不是自己说的话惹到他了？不过这也不重要，剑拔弩张的高三，在考试、功课、家长和老师的夹缝之中，已经没有精力去理会这些。但偶尔仍会让人感到奇怪，比如彭泽川每日早晨贴着张莞尔的那一擦肩，比如彭泽川在晚自习倒数第二个离开教室，却故意关掉灯让张莞尔的眼前一片漆黑，还比如数学课上张莞尔的提问，总会招来彭泽川的几个白眼。

然而所谓的好日子终于来了。那是总复习的第一轮末尾，全市全地区的统考和调研遍地轰炸。一切都模拟高考的真实场景，同学们的学号打乱重排，彭泽川和楚然被分到两个相隔十万八千里的考场里。张莞尔将前额的刘海儿别到脑后，神态淡然一如迎接一场等待了多时的挑战。第一次的地区调研成绩格外重要，是作为衡量每个学校每个学生实力基础的一条准绳。发成绩单的那天彭泽川提前被班主任叫到办公室，白着脸进去，红着眼出来。回到位子上没坐多久又走出去，鼻尖如驯鹿一般红彤彤的，手却不忘假装帅气地插在牛仔裤兜里。

上课之后老师看见彭泽川这位重要人物不在，叫作为学委的张莞尔去找他。这次的成绩分析很重要，谁都不能缺席。

张莞尔根本不想跟彭泽川对话。走廊到处湿嗒嗒的一片，越野自行车骑过的话一定会溅起水花吧。阴霾和微光在头顶浮动着，象征性地走了一圈却不见彭泽川的身影。最后是在操场的一角发现了彭泽川，废弃的白色储水塔周围长满了旺盛的杂草，加之潮湿的天气让空气变得不安分起来。彭泽川就这么坐在两米多高的储水塔上面，两条长腿有气无力地耷拉下来，身旁还有楚然。张莞尔抬起头来说，老师叫你们回去，快跟我走吧。

彭泽川居高临下地说："成绩单发了我再走，你就假装没找到我们好了。"

张莞尔的脖子已经酸透了，她咽了咽口水一字一顿地说："可是你们不回去老师是不会发成绩单的。"

"是你考第一，又不是我。"彭泽川淡淡回道。

张莞尔又走近了几步，说："楚然，我们走吧。"

甜腻的微风在三个人之间炙热的气息中缠绵，张莞尔说："楚然你不走的话我可要扯你裤腿了。"

楚然支支吾吾了一会儿，最后彭泽川顺势一推整个人跌了下来。白色的储水塔肚子里仿佛有波涛在汹涌，张莞尔真希望彭泽川一不小心摔下去就好了，好让他持续发热的大脑冷静一下。楚然慢吞吞地跟在后面，他的目光停留在张莞尔那墨色的头发上面，中间那一缕细细的辫子像麦穗一般可爱。让人忍不住想触摸。

因为没有好兄弟楚然的帮助，彭泽川的成绩一下子滑落到二十名开外。而班主任和彭泽川他爸估计还不知道这是怎么回事吧，一遍遍还在对彭泽川重复着心理素质的重要性。每年都会有这样靠小聪明混过来的学生，最终无一例外都是在严格的监考制度下摔得粉身碎骨，而彭泽川也将是其中一个，这才只是总复习的第一轮，等到第二轮第三轮，残酷的考验将会把每一个松懈的懦夫甩在后面，最后用大浪将他们淘尽。而张莞尔拿着自己第一名的成绩单，心如止水，最焦躁的时节已经来临，她丝毫不敢怠慢。

但原本平整如同柔软绸缎的日子却又迎来了插曲。

楚然向张莞尔表白了。那是在原本只剩张莞尔一个人的晚自习上，世界仿佛只剩虫的私语和书页翻动的声音。先是灯突然一暗，张莞尔原本充斥着运算公式的大脑本能地出现了彭泽川那个混账的模样，可惜灯再一开，楚然却出现在了教室中间。张莞尔从来都不知道，原来彭泽川的死党楚然已经喜欢自己这么久了，但是又能怎么样，高三的最后关头自己早已经把试卷和习题当成恋人了。张莞尔苦苦一笑，什么话也没说便离开教室，她浅浅的梨涡还在楚然脑海里一直旋转。

从昏暗的米色教学楼里走出来便看见了彭泽川。彭泽川倚着他的自行车惊奇地看着张莞尔说："这也有点儿太快了吧。"

"你自己这样已经够了，别再把楚然给带坏。"张莞尔握着帆布包长长的肩带顺势甩了过去。

结果被一个灵巧的闪身躲过了。皎洁的月光像聚光灯一样把两个人罩住，远处芭蕉树层层叠叠的枝叶是舞台的布景。彭泽川突然变得很认真，说："张莞尔我知道你一直很鄙视我。我也好楚然也好，你从来都不知道其中的原因。不过我也无所谓，反正我马上就要远走高飞。但是我们还会再见面的。"

张莞尔的心像是被针扎了一下，但还是不明就里地摆出一副倔强的姿态，手背因为紧握着帆布包的肩带而变得青筋暴起，让人有时间已经停止的错觉。最后是彭泽川将一条腿跨在了自行车上，手腕的那串黑曜石发出碰撞的声响，却让人觉得柔软。彼此都没有说话，仿佛再说什么整个世界都会被吵醒，张莞尔就这样看着彭泽川一下子杀出了层层叠叠的芭蕉树林，远处的电塔矗立在蓝紫色的夜幕中，紧接着是愈来愈远的风声，消失在了某个闷热高三夜晚的记忆里。

后来据说楚然那天很晚都没有回家。彭泽川又骑着自行车赶回学校陪着楚然的父母一起找他。楚然坐在那座废弃的水塔上吹风，就像一个为情所困的傻瓜一样，眼睛里还泛着泪水。彭泽川也有点儿想哭，但是没好意思哭出来。这些到底是不是真的已经无人知晓，但是第二天班主任把张莞尔和楚然的座位调开了一些，然后叫值日的男生把那张没人用的桌子搬到后勤处去，而那张没人用的书桌便是彭泽川的。

没人宣布这个消息，观察不仔细的人甚至都无法发现。更别提有人表态了，大家的心情依旧被黑板上考试倒计时的字样牵动着，所有的不欢快或者欢快，都来自于分数和作业。但张莞尔和楚然却心照不宣，想起那天晚上蓝紫色的夜幕，钻石般的星辰简直就像是梦境，然而彭泽川说要远走高飞，就果真远走高飞了。而张莞尔每次从凶猛的习题库中回过神来，总会想起彭泽川说的那句话，失神并且疑惑的瞬间，仿佛到过去走了一圈。

最后是楚然告诉张莞尔，彭泽川转到市里的高中去了。他的父亲甚至为此辞职去照顾他，从第一名掉到第二十多名再接着掉到四十多名这样的情况给他家里人打击很大，如果在那里高考不理想，就准备复读。

张莞尔睁大了眼睛，说：“彭泽川难道不坦白之前都是抄袭了才考到那么高的吗？”

“事情既然已经发生，坦白有什么用？”楚然默默地说。

“那他就是自作自受呗。”张莞尔随便回了一句。

“他一开始觉得比你考得好，应该能博得你的好感，应该能让你喜欢他。”楚然舔了舔干燥的嘴唇继续说，“彭泽川就是这样一个人，挺单纯的，但为了达到目的不择手段。”

张莞尔压抑住内心的惊慌，瞳孔却一下子暗得像深渊。夏天，自行车的声响，白色的水塔，米色的教学楼，一幕幕从脑际闪过却最终模糊成一片斑斓。过了好一会儿，张莞尔问：“那他现在是在哪所高中，育才还是实验？”

恋爱永远是未知的，直到正中红心的时候，要么人已不在，要么便时光太晚。张莞尔没有去实验中学。而是在兵荒马乱的冲刺阶段依旧保持在第一名的位置。有一次遇见一个来自实验中学的女生，便迫不及待地上前搭讪问道：“你认不认识彭泽川？”

那女生正好和彭泽川同班，她说："你说的是那个每次骑着越野自行车不顾门卫阻拦也要往前冲的那个人吗？成绩一般吧，眼神却很凛冽。"

记忆突然就在脑海中愈发明晰起来。彭泽川问张莞尔："你讨厌我是因为我是个喜欢作弊的男生？"张莞尔说："对。"彭泽川继续说："那如果我没有作弊仍然比你考得好，那你还讨厌我吗？"张莞尔说："对。"彭泽川无奈之下板着脸说："你可真怪。"张莞尔说："但是第二种讨厌比第一种讨厌要好，第二种是带着喜欢的讨厌。"彭泽川说："那我可记住了。不过今晚有急事，懒得载你回去，估计你也不会答应。"末了露出那颗叛逆的虎牙。

这是在彭泽川说要远走高飞的那天夜里，彭泽川杀出层层叠叠的芭蕉林，却又忍不住将车头调转过来巴巴等着张莞尔走过来后说的。

想到这里张莞尔莞尔一笑。

那段莞尔的时光，随着风一下就跑掉的话语，被月光照过的约定，会伴随着张莞尔和彭泽川的记忆在日光下晾干保存，成为金色的琐碎，一起走到深夏当中去。

许思同，故事陪我讲到完

单 弦

一

那年，穿白色校服，背牛仔布双肩包的我和任何一个同龄人一样普通。

我的普通源于我的父母太过传统，穿短裙他们会说"不行，太暴露"，染发他们会说"这像什么学生啊"，就连染个指甲我都要跟他们抗衡半天，可是这一次我却胜利了。当我满意地看着自己粉红色的指甲并满脸笑容时，一个清秀的少年出现在我们家开的摄影店门前。

干净的栗色短发，小圆帽，白皙的皮肤，银白色的耳扣。

"你好，我叫许思同。我看到你们店在学校贴的二手回收海报，我的相机想转卖掉。"听到声音我愣了下，而后我又不礼貌地看了看对方的胸前，天啊，是个女生。竟有如此帅气的女生！

我接过相机检查起了机身："七成新，机身有少许磨损，你想卖个什么价钱？"

"八百。"她抬头看着我说，眼里有说不出的迫切。我刚想找出账本查下近期类似机器的回收价格时她突然叫住我："要不，就五百吧。最好立刻就能拿到钱。"

当她拿着钱离开的时候我还有些愣神，她迫不及待想要把相机卖出去的样子甚至让我怀疑这个相机是她捡来的，谁舍得那么好的相机卖一个那样的价钱呢。我小心翼翼地收起了相机，心想着不久后的旅行有这部相机参与也是一大乐事。

我向白小词打听这个奇怪又特殊的女生，不料她惊叫起来："许思同去卖相机了？她该不会是为了筹集去旅游的钱吧。"尔后她又拍拍脑袋说，"对了忘了告诉你，我们下星期的凤凰之旅许思同也来哦，你们很快会见面的。"

二

我们坐硬座的火车前往湘西凤凰古城，十八个小时。

我和朋友西西一起，坐我们对面的是白小词和许思同。再次见面我们一点儿也不生分，入火车站的时候许思同还用手压了压我的头说，"你一定穿了增高鞋垫，上次见你也没这么高。"不损人她就不痛快。

那一路我睡了几次又醒了几次，最后一次醒来天还没亮，整个车厢寂静一片，只有对面的许思同在默默按着手机，莹白色的光洒在她的刘海儿上，像星光一样。

"怎么不睡？距离目的地还远着呢。"我说。

"我们几个就我看起来最壮，你们就放心睡吧，我要看行李。"

看着她倦倦的笑，我突然有点儿心疼这个贴心的姑娘。我伸手轻轻把她按到桌上，"靠着桌睡一下吧，这里我守着。"她似乎还想逞强，但疲倦的眼睛还是渐渐闭上了。

凤凰古城比我们的城镇冷得多，却不乏热闹气息。这里白天很内敛，雾气萦绕着长长的江水，路上都是布衣戴银的女子。夜晚很奔放，耀眼的霓虹笼罩着大街小巷，酒吧里除了鸡尾酒还有弹唱的乐队。

记得书上说过，来古城，你要邂逅一间酒吧，一个流浪歌手，一杯猕猴桃酒。我们几个女孩子对酒吧并不陌生，就是从没在江边阁楼听人唱过。那天的白小词很激动，蹦蹦跳跳把我们拉进整条街最热闹的那间酒吧。

西西和白小词上去跳舞的时候我和许思同坐在下面，她从我手中接过那台白色宾得拍得津津有味，一副和自己的相机久别重逢的样子。我却只顾喝酒和笑。

许思同后来好像还和我说了话，但是周围的声音盖过了她，我摆摆手告诉她我听不到。两杯酒下肚，我已经醉过去了。

后来回想起来那天在酒吧一直有男生来向我们搭讪，唯独许思同没有被搭过话，她的外表肯定让人误以为是男孩子了。她却不甘心："反正有我在，没人敢拐走你们。"

三

许思同的男孩子特质在旅途中发挥得淋漓尽致。行李、相机、手袋，大包小包她都往自己身上背，当地的导游先生看不下去说我们欺负她，他可不知道许思同有多调皮多爱使坏。

洗澡洗一半热水变冷水肯定是许思同在捣蛋，一大早用千年寒冰掌把我们的脸揉醒的是许思同，苗寨里装僵尸吓我们的也是许思同。但那些都不算什么，最要命的是她的抓拍术，我们各种睡得东倒西歪流口水的照片都是许思同拍的。

她热爱摄影却是真的。这一路我们遇到了很多摄影爱好者，热衷于摄影的她总爱凑过去详聊一番，尔后拿着自己的小相机盯着镜头里我们的丑照笑。

整整六天的旅程，我们过虹桥，住苗寨，爬南方长城，泛舟沱江，漫步古妖潭。我们的笑声穿过那些潮湿的鹅卵石路，有快乐和不舍。

回归校园后大家都忙碌起来，西西在外地读书，白小词的家人管得很严，几个人常常聚不到一起。倒是我和许思同总是忙里偷闲，肯德基下午茶、古书店、淘光碟，我们甚至乐此不疲地奔波于各个售票点只为买到我们最爱的五月天演唱会的门票。

虽然在一个学校，但更多的时候我喜欢穿着休闲的绿格子裤坐九站的公车出现在她家的门口。许思同的家坐落在一个胡同里，天台是旧式的红色砖块，她养的黑白相间的猫有着大大的尾巴，好像听得懂人话一样。我们靠着木椅子坐在天台的衣架下听歌它就会跳到我身上，像调皮又爱撒娇的许思同一样。

那些日子我们形影不离，许思同像个护花使者一样出现在我左右。自从她出手打了那个爱动手动脚喜欢打小报告的男生后班里再没有人敢欺负我了，男生们开始躲我躲得远远的。

不知从什么时候开始，学校开始传起我们的流言，他们说，季言和许思同是拉拉，她们在一起很久了。

四

这个传言着实让我哭笑不得，然而它的力量却是可怕的。

几天下来，论坛上的讨论，校园里交头接耳都肆无忌惮却理所当然。"怪不得成天到晚出双入对，我早就觉得她们关系不正常了。"那些尖锐的目光像是一把把无形的箭，把原本伪装坚强的我刺得遍体鳞伤。

白小词好几次来找我我都避而不见，我不知道听到这些她是怎样的态度，如果连她也不相信我该会有多难过。

从主任办公室出来后我变得更加安静了，不争辩不面对，我只想逃。我开始形单影只，把自己困在一个小小的茧里。然而在学校外面的拉面店，我还是被许思同叫住了。

那一天下起了绵绵细雨，许思同穿着黑色T恤站在拉面店门口的屋檐下："别走了。天有点冷，我们进去吃碗面吧。"她像什么也没有发生一样，把撑着伞准备走过的我拉到店里靠窗的位置坐下，点了我最爱的牛肉香菜拉面后她聊起了最近的生活。

"那些传言你都听到了吧。"我低声问道。

"他们愿意说就让他们去说，我们是好朋友怕什么，清者自清何必不快乐呢。"她耸耸肩，把沙茶酱倒入自己碗里，并习惯地拿过我的碗开始往里面加调料，却被我阻止了。顿了顿我说："思同，我们暂时不要见面吧，我不想再听到别人谈论我们，这些日子真的够了……"

我至今仍然忘不了那时候许思同的眼神，那样难过而受伤，好像难以置信我会说出这些一样。她把手从我的碗边缩回去，慢慢放下筷子，声音很轻地说："那就当作今天我们没有见过面。"说完她转身走出了面馆，消失在下着细雨的小巷。

五

许妈妈来学校澄清事实后流言渐渐平息了下去。

我努力让自己忙碌起来，却改不了坐上熟悉的公车沿途九站走入青街胡同的习惯。许思同家的黑白猫看到我便从屋顶跳下来往我脚边蹭，我那么想念许思同却没有勇气敲开那扇门。

后来白小词在教学楼下逮住我说："季言，你要躲我们躲到什么时候？"声音霸道却温暖。那天我们坐下来聊了很多，她问我记不记得8岁那年被镇上的人欺负，有个好姐妹不仅没有帮我还撒腿就跑的事。我说我当然记得啊，那个胆小鬼后来连见我都不敢了呢。

白小词捂着嘴笑了起来："谁说她不敢，她现在不是出现了吗？"在我一脸迷茫的时候她继续讲道，"许思同就是当年你跑掉的姐妹，自那以后她就选择像男孩子一样生活，想着有一天勇敢地重新出现在你面前。现在轮到你做胆小鬼了吗？"

许思同的相机还留在我那里，我舍不得还回去。五月天的演唱会门票我还留着，时间即将到了，我却舍不得转让。我鼓起勇气决定去赴这场演唱会，我想见她，我们友谊的故事是要讲一辈子的啊，还没完她怎么可以走掉。

我们连到场的时间都默契到一分不差，却静静地都没有说话。五月天的歌都是青春的字眼，把我好不容易熨得服服帖帖的心唤醒了起来，而从许思同好几次差点儿抛出去的荧光棒也不难看出她的激动无比。

阿信在台上问："今天在场一起来的，是你的好朋友吗？"

"是！"观众席上一片沸腾，整个演唱会都是站起来拥抱的人群。

"如果在未来的日子里，你身边的这个人遭遇了困难你会不会伸出手帮助她？如果她失恋了你会不会唱歌给她听？如果伤心无助你会不会助她一臂之力？会不会跟她一辈子走下去？"

我愣愣地抬着头大声回答"会"，许思同却突然拥抱了我。我以为她会说点儿煽情的话，不料她小声说道："你知道吗？你刚才唱破音了。"虽然很坏，但我们都笑了。

就像那首歌里唱的——伤心的都忘记了，只记得这首笑忘歌，青春是手牵手坐上了永不回头的火车，有一天我们都老了，不会遗憾就OK了。

谁是谁的Super Star

飞飞

我知道,我们班的女生都有一个秘密。

一楼的花坛边,每天课余都会坐着一堆初三(二)班的男生,其中有个叫高小明的男生,很轻易地将所有女生的心事勾起。《浪漫满屋》这部韩剧不但成功地赚取了许多人的眼泪,更是把Rain这个巨星风一样吹到我们的校园。Rain那一双梦幻迷人的小眼睛,浅笑的时候眯成一道弯弯弧线,成功秒杀我们稚嫩的心。而高小明就是Rain的翻版。于是,翻版Rain高小明成了我们心目中的Super Star。后来的同学都叫他Rain,没有几个人知道他的真正名字。

我们的教室在四楼,与翻版Rain所在的一楼的教室,呈一条直线。教学楼的门前,有一段长长的水泥楼梯,课余时间,我们从这里逐级而下,经过Rain教室门口时,女生们都心事重重,又装作毫不在乎,一楼的花坛边,Rain有时会坐在那里小憩,很多次,我与Rain的目光撞到一起时,我的心,便会有一种莫名的激动。

我讨厌翻版Rain,他把很多女生迷得神魂颠倒。他在我们这个中学的影响,远远高于韩国那位巨星。低年级的女生,为了得到他的青睐,宁愿省下早餐钱,为他买最潮的限量版MP4。还有隔壁班的女生,吃了一个月的麦当劳,为他收集最新一款公仔。最让我气愤的是,我们班家里最穷的一个女同学,为了得到这位翻版Rain的一张照片,用交学费的钱，为他买最新款的苹果手机。

我更加讨厌翻版Rain。长得帅没有错，接受别的同学给的礼物就不好了。还有，听说他的学习成绩很一般。每次考试都在班上的后十名。就算是别人仰慕的这星那星，首先也应该把学习成绩搞上去。

有很多女同学为了得到他的青睐，使出不同招数。既浪费了青春，又耽误了学习。

"那个高小明有什么好，眼睛小，脸小，皮肤太白，学习成绩也不好。还有，他也没有那么像Rain，为什么同学们都叫他翻版Rain。"在宿舍的讨论会上，我历数Rain的种种不是。我的一番言语引来同学们的一片讨伐之声。她们说我是吃不到葡萄说葡萄酸，说我不要破坏他在她们心目中的美好形象。

"形象？"我在鼻子里哼了一声。我觉得她们无知，怎么肤浅到以外貌取人。我就不同，我喜欢坐在我前面的刘庭非同学，他不但学习成绩好，而且还乐于助人。

六月的一个中午，很闷热，午饭后，我和同桌冯菁，在学校后面的池塘里摘了几朵莲花。在四楼的窗口，用红线系住荷花的花蕊，垂直放下去，美丽的莲蓬须在空中划过一道抛物线，落下去，美丽极了。"快来看啊，四楼的女生在楼上抛绣球。"楼下有男同学尖叫着在楼下做着鬼脸，还有的吹着声音尖锐的口哨。

"该死，长得帅便上天了。"冯菁和我立马收回莲花。楼下的尖叫声此起彼伏。这时，我想到一个绝妙的主意，我从书包里拿出一张白纸，然后与冯菁一起，用左手在上面写下一段文字。写完后，我们诡异地相视一笑。用莲花将那张纸条包住，丢了下去。

午后的一堂数学课，我们都在紧张和兴奋中度过。冯菁说："我们这样做，他们会不会暴跳如雷。"尽管这时我心里也怕得要死，但还是底气很足地对她说："别怕，应该没什么事。"冯菁说："据说那个Rain是个出了名的痞子，如果让他捡到的话，我们肯定会死得很惨。""不会的。"我安慰她。"你的脸为什么那么白？"冯菁突然转过脸来对我说。"哪有？"我故作镇定。

我的话音刚落。Rain便气冲冲地冲进教室后门，他走得很急，因而撞倒了一个刚刚想出去的同学。"轰！"一声巨响。紧随着凳子倒在了课桌上。当时，有大部分同学在午睡，听到响声，抬起头，惊慌地瞪大双眼，不知道发生了什么事。气愤似乎让他失控，好看的脸也因为愤怒而扭曲变形，白皙的左手插在裤袋子里，随即，他又举起另一把椅子，狠狠地扔在桌子上，扬长而去。

他走后，我们班乱成了一锅粥。我们班有好多女生都超喜欢他，他不但长得像韩国的Rain，舞也跳得特别棒，去年的元旦晚会，我们就看到他酷炫的舞姿。在宿舍里，讨论的话题都是Rain，她们非常留意他每天穿的衣服，他的爱好，他在篮球场上的动作，今天看到Rain如此的愤怒，她们也开始蠢蠢欲动。冯菁和我赶紧拿出一份模拟试题，装作事不关己，认真地做了起来。

隔天中午，冯菁收到匿名快件。女同学一窝蜂围到桌子边，要求她拆开来看。冯菁不同意，燕子手快，嗖地夺了过来。迅速地撕开封口，由于封口向下，血色的红豆从里面落到地上。"红豆？"我们的瞳孔相继放大。谁都知道那首著名的爱情诗。燕子低下身子捡红豆，冯菁说，不如送给你吧。燕子高兴地收起豆子，回到自己的座位。

这样的事情，对冯菁来说，早已司空见惯。自从上了这所重点中学以来，烦恼和喜悦相伴而来。两年时间里，她收到无数封匿名来信，礼物，还有偷拍的相片，免费的生日蛋糕。在男同学的圈子里，她的名字不叫冯菁，叫翻版刘亦菲。

眼看就要期末了，而Rain也将迎接中考。我们以为事情就会这么过去，却不料，去一楼打探消息的同学回来说，我们班的同学，从窗口扔下去一个绣球。里面有一张纸，纸上用左手写着不堪的话，包在莲花里。一楼的Rain恰好捡到，伤到了自尊，便跑上来了。他们还说，这件

莞尔的时光

事不能这么过去，这是对他们班男同学的一种污辱，他们要寻找幕后黑手。

"纸上到底写的什么？"坐在我前排的刘庭非同学来了兴致。一副刨底寻根的架势。班长谢春怡显然不喜欢刘庭非的热情。他说："写的什么不重要。这个纸条是你们这个窗口丢下去的，你们这几个都逃不过嫌疑，最好自己当面去认个错。"

所有的目光都指向刘庭非同学。"到底是谁干的？"有同学尖叫着问。刘庭非摊开双手："反正不是我干的。"所有的目光开始指向我和冯菁。我们不说话。恰好这时数学老师走了进来。

下课后，班长谢春怡像法官一样走到我们的位置前，他意味深长地说："请做了这件事的同学，赶快去一楼向他们认个错，不然的话，这件事会闹得很大。"我怔怔地抬起头，看到谢春怡同学厚厚的镜片后面，有一双眼睛，死死地盯着我，而那双眼睛里，有明显的厌恶。

这让我很受伤……

这时，刘庭非同学扭过头来说："千万不要去认错，那样会死得很惨。"

接下来的英语课，我脑子很乱。我把所有能想到的几种结果都想了出来：一，这件事情被学校知道，我在学校的大会上被点名批评，写检讨；二，我被通知，带家长来学校；三，我被一楼的男生狠狠地臭扁一顿；四，在某个月黑风高的夜晚，我被人蒙住头……这些都不是我想承受的结果。我有点儿焦头烂额。

很多天过去，我依然没有想到更适合的应对措施。班长谢春怡依然暗示让我们去主动认错，他说，如果不认错的话，坐在窗边的所有同学在周末将会遭到报复。

这一招很毒，把我吓到了。坐在前面的刘庭非同学，偷偷地说："千万不要去认错，去认错的话，真的会死得很惨。反正他们快毕业了，没有什么时间，大不了，我们死扛到底，我们有的是时间奉陪。"

刘庭非的话，让我心头的一块石头落地。是的，他们马上就要中考了，根本没有时间与我们折腾。说不定，再过几天，就会把这件事给忘了。

自从Rain在我们班闹过事后，他再没有接受过我们班女同学的礼物。这把我们班女同学气坏了。她们对那个滋事的"坏人"恨得牙齿痒痒。

而我，觉得自己是做了一件了不起的大事。

那天，班长谢春怡紧张地找到我，说："我知道那个纸条是你丢的。你为什么不肯去认个错。"面对谢春怡那厌恶的眼神，我的心一阵刺痛。我说："我为什么要去认错，你哪只眼睛看见是我丢的？"

第二天，校长在做课间操的间隙，跟我们说学校有一股不正之风。有高年级的男同学欺负低年级的男同学。在回家的路上，截住他们，索取钱财……

校长后面的话，我根本没有听进去。做完课间操后，我神经紧张地回到教室，冯菁的神情也怪怪的。她酷爱画画，一本正经地在画一个留着学生头的人像，落笔的时候，我分明看见她把嘴巴画斜了，脸也斜了。随着耳际掉下来的头发，遮住了她左边的脸，我只能从她的右边脸上，看到一丝慌乱的神情。我轻轻捅她的胳膊，紧张地问："我们会不会被别人拦住，痛打一顿？"冯菁白我一眼："你不是不怕吗？"

上课铃响之前，谢春怡又来到我的位子前，这一次他改成命令的语气对我们说："谁做错了事，谁就去承认错误，不然的话，你们都会死得很难看。"

下午，冯菁收到一封怪异的来信。信上说只要滋事者明天肯到女生宿舍后面的一○六室承认错误，就当作什么事也没有发生，并说明了承认错误的时间和地点。结尾还特殊标明保密。就这件事，我征询刘庭非的意见，假装说得轻描淡写。刘庭非老道，他讪讪地说："岂止谈判这么简单，肯定会动手。不过，你们不用怕，我会号召全班的男生，在后面为你们壮胆。"

冯菁刚开始不敢去，她怕万一出事，不知如何向父母交代。我也不敢去，如果让父母知道我在学校不好好念书搞这些歪门邪道的话，他们会剥了我的皮的。但黑色周末像两座大山一样横亘在我们面前，思量再三，加上刘庭非的支持，我们决定背水一战。

按照信上的地址，冯菁和我鬼鬼祟祟地来到我们女生宿舍后面的一排教师楼。在一楼的六号房门前，我俩犹豫着不敢按门铃。此时，一声嘹亮的口哨从身后响起，我俩不约而同地回头，在朦胧的月光下，黑压压地挤着一群男同学，领头的，正是刘庭非，让我意外的是，谢春怡也立在其中。

硬着头皮打开门。令我俩意外的是，房间里七七八八地坐着几个高年级的同学。Rain坐在正中。我俩像受惊的小鸟一样立在门的后边，等待发落，却不承想，他们开香槟，点蜡烛，放歌曲，忙得不亦乐乎。其中一个实验班的男生，是学生会主席，他大方地请我俩入席，说："元旦会演时，冯菁同我跳的那场《三百六十五里路》，艳惊全场。一直没有机会认识我们，没想到，阴差阳错，竟然在这样的机会，与我们相识，真是不打不相识啊。"我俩不知道他们葫芦里卖的什么药，诚惶诚恐地坐在位子上。渐渐地，气氛活跃起来。

刘庭非带着一帮人冲进来的时候，我俩正毫发无损地坐在那里。见一堆人冲进屋子，房子里一阵骚乱，险些就要大动干戈的时候，我立即起身，吼了一句："冯菁其实也是他们心目中的Super Star。"

全场开始鸦雀无声。最后，刘庭非带着一帮人悻悻地离去。我和冯菁也趁机跟在他们的身后走了出来。

再后来，听说Rain爆冷门，考去了北京，那个地方，是他心中的天堂。不久我们也很快面临毕业。自从那次事件后，冯菁再也没有收到莫名其妙的信件，鲜花，礼物。

后来，我们都离开了学校，进入了新的学校。一拨一拨的Super Star不断涌现，我们又会用机灵的眼睛，在各自的人群中寻找，翻版的Super Star，就为这些种种，都会成为我们努力向上的动力。

平淡流年，时光微暖

冯　瑜

说起来有点儿不好意思，但是，十七岁的我确实有几分思春。

时代不同了，邻居家那个初一的小妹妹都坐在小帅哥的后座上招摇过市了。规规矩矩的我，自上初中以来就没有拉过男孩子的手。这让我情何以堪啊？

也许小女生都有爱幻想的毛病（也可能是言情小说和偶像剧看多了），我很庸俗地希望出现个帅气贵公子，要不来个强悍小混混，好歹来个失忆青蛙王子什么的——我的要求也不算太高吧？至少我没有仰天祈祷来个梦回清朝。然而，当我希望遇见一场轰轰烈烈的爱情的时候，我身边唯一要好的异性朋友却是既不帅气又没魅力的刘年安。

我们是同校五年、同班四年的同窗兼好友，我会把心里的烦闷告诉他，把觉得好看的电影介绍给他，开一些无关痛痒的玩笑，听着他说一些简单的鼓励的话，心中涌起一种淡淡的温暖。一直以来，我都只是把他当成我的好朋友。

初一刚认识刘年安的时候，他的个头还不到一米五，因此常常被已经长到一米五五的我作弄。他很瘦，我时常开他的玩笑："大风天您老可别出门啊。"他每次都抿嘴不搭理我，我则在一旁笑嘻嘻地看着他脸上的窘迫。后来依旧瘦削的他长到了一米七八的个子，而我依旧是一米五五。心想，他肯定会报复我吧？谁知他什么也没说，甚至没有向别的男生那样，嘲笑个子矮的女生——不管是我还是别的女同学。

有时候我会傻傻地想，也许刘年安是喜欢我的吧？就算我不喜欢他，也不能排除他喜欢我的可能。虽然瘦瘦的他不帅气，没有贵族气息，成绩平平，体育方面也没有突出才能，但是他对我不错的啊，不管我怎么开他的玩笑，他都不生我的气。

年轻的我，确实无法辨别，他对我是一种怎样的感情。

刘年安的外号叫"流年"。他对这个外号是深恶痛绝的。他说这名字就像俗套爱情歌曲里面的俗套段子里的辞藻，又像给女生们看的忧伤校园小说的书名的字眼儿，对他这么一个高大男孩儿而言，显得有几分娘娘腔。

有一次他向我抱怨说："年安是个多么好听的名字。被你们这群人一恶搞，我高大的形象一下子就崩溃了。"

"没事儿，不管是不是娘娘腔，我们也不喊你'小年子'，这样可以了吧？"我从来就不否认自己是个称职损友，但刘年安每次被我损得无语后，总会很配合地笑出声来，因此我常常说他迟钝，露个笑脸也慢半拍。

这种慢半拍的男孩子，是否清楚自己的心意呢？他是否会注意到，我只有在他面前才会像现在这样毫无形象可言？是否会发现，我只有在他面前才会这样自由自在？是否会发现，只有在他面前，一向喜欢安静的我才会如此开怀？

我和刘年安相处的日子，如同平静的湖面。不要说惊天动地鬼哭狼嚎，就连一丝拂过湖面上的风也没有。

有时候我们会在上学路上遇见，然后两个人并肩往学校里走去，时常一起吃饭，放学后一起跑到距离学校很远的包子店吃"狗不理"，一起去图书馆学习，一起讨论数学题……在许许多多又自然而然的"一起"中，我们却没有成为大家议论的焦点，因为……

我曾经希望，班上的某一位同学，会是我"偶遇"的远房亲戚，所谓"偶遇"，就是在某个亲属的婚礼上、逢年过节的宴席上或者一大家子人一起出去游玩的时候，突然发现一群人里面出现一个熟悉的身影，然后对对方道一句——哦，原来你也在这里。下一回在班上遇见，就大声宣称——嘿，这是我的什么什么亲属。

有点儿难以理解，但是我真的这样幻想了很多年。直至在表姐的婚礼上遇见刘年安，我的幻想才得以变成现实。

他是我母亲的娘家某一亲属的孩子，我在宗族关系方面有点儿糊涂，依照辈分，我应该喊他叔叔——我可以叫他"安叔"或者"年叔"，"刘叔"也成，即使我们没有什么直系血缘关系。

次日去到学校，还没等我开口，刘年安已经大惊小怪地告知众人——许静书是他的远房侄女，他说这事情的时候，脸上带上一点儿惶恐，一点儿不情愿，一点儿欠扁的表情，还不忘来一点儿嫌弃。以至于那天我追着他满教室跑了一阵。

所以，没有人相信带着几分书生气息又弱不禁风的刘年安会和我有暧昧关系。因为我是他侄女。也许他从来没告诉别人我们没有血缘关系。也许他以这种方式告诉我，我们应该保持距离。也许这是他的小小的暧昧诡计。

不管怎么样，这是一个尴尬的状况，亲密却没有绯闻的绯红花期。

高二的学生对高三都有几分期盼、几分幻想、几分畏惧、几分好奇，没有经历过一次又一次的模拟，知道"大学不能考"，却不懂得"上一所好大学还是有难度"，于是，总有几分雄心勃勃，希望上个重点什么的，脑子里一大堆大学以及有关大学所在城市的想象。

人在高二，身不由己，因此关于大学以及我向往的城市，或多或少带着憧憬。也喜欢询问别人希望去哪个城市，念哪所大学，学哪个专业。

"安叔，你想去哪里念大学？"刚刚和几个女同学畅谈完大学梦，现在刘年安成了我的目标。

"你呢？去广州念金融是吗？"

"是啊。"

"那我一定不去广州，免得在街上遇见你，也免得你有事没事来找我干重活脏活。"话说回来，每次学校要求学生清理课本，我都死活拉着他当苦力，帮我把那一大箱书搬回家。

"我真的……就这么讨厌吗？"也不知怎的，他说不想遇见我的时候，心头涌上一种难过的感觉。

他一时答不上来，慌忙地低下头看桌上打开的英语课本。"你背书了没有？要念金融，高考也得考英语对吧？"

我此时的难过应该用一点儿景物来衬托，比如下雨，比如乌云，但是窗外是明朗的天空，就像我单调又无法起波澜的青春，不按照人的意愿更改，无法得知他人的心意。或许这也是生活的本真。

我没有再跟刘年安提起有关大学的事情，总觉得那里带着一种浓浓的苦涩味儿。但小日子过得还不赖，每天和刘年安在一起，欺负他，取笑他，不高兴的事情告诉他，然后要他安慰我。很多时候我哈哈大笑，他只是一副哭笑不得的表情看着我一副傻妞样。无法否认的是，和他在一起的感觉，确实很好。好在哪里说不上来，却能真切地感受得到。

大学这个话题，对高中生似乎有着无法抵挡的吸引力，这一回，跟我提起的是他了："我想去青海。"

"青海？青海湖的所在地对不对？地理书上说的那个中国最大的咸水湖对不对？"

"你的文科真是白念了，中国能有多少个青海湖？就是这样啊。"

"为什么？"广东省到青海省，有多远呢？要坐多久火车？如果坐飞机呢？

"听说，仓央嘉措在那里自杀。"听罢，我愣了一下，仓央嘉措是我们共同喜欢的诗人，对于他的死有很多种说法，这是其中之一，也是我和他最愿意相信的。

"嗯。"我也不知道脑子哪里出了问题，这样答了一句："你总不会想把我推下去和他幽会吧？"

"有这倾向……你要多来看我，我找机会拿你喂鱼去——这是你长年欺负我的代价。"他回答得有几分冷淡，脸上带着我熟悉的无奈笑容。然后我又开始调侃他了。

当时只是无意，却破坏了某些微妙的气氛，可是我当时未曾察觉。

如果今日不玩闹，我们就不会感到失望。

我希望出现一个女孩子，漂亮，温柔，优秀。她喜欢刘年安，或者刘年安喜欢她。不管最后他们是否成为情侣，又或者，出现一个男生，上演一场两个男生和一个女生的青春校园剧。不管是哪一种，都会充实一下我那单薄的青春，可是，什么事情都不曾发生。我和刘年安依旧上学、放学、写作业、吃饭、睡觉，数着日子等高三。

按照一般的路子，我和刘年安的故事是这样结束的——要么我离开，要么他消失，要么我死掉，要么他送命，否则故事无法结尾。没有遗憾的故事不算悲剧。

但是，生活不是小说家笔下的文字——我们始终安然无恙。

我们之间的青春没有高歌，没有色调，细水长流的年华和细水长流的相处，没有风暴，有时吵嘴，没有波澜，希望绯闻，有点儿暧昧，不是爱情。

我不知道要用怎么样的词句形容这段平淡的日子，但一切都像梦境一样，消失在晨光之中了。

随着十八岁的逼近，随着高三的来临，我不再幻想我和刘年安之间会发生什么绯色事件，不再编制暧昧的感觉。流年浅唱，时光静好。

那些只属于十七岁的情怀，都成了岁月的见证。

如果有一天我们各奔天涯，我不再记得刘年安的模样，但我会牢牢记住他的名字，只因为，那一季，有他的陪伴与那段微暖的时光。

我想，没有哪段青春一定要出现爱情，没有哪段年华非有一个生离死别，年轻的心有一份年轻的情怀，但是生活本来就不能随心所欲。日子本来就是平静地流淌，太多的传奇反而会失真。

当然，或许还应该有后续，比如他是否喜欢过我，比如所谓的暧昧到底是怎么一回事，比如我们是否上了心中的大学，去了心中的城市……这些，都不再与17岁有关了，这是下一段青春的前言。

其实我没打算来青岛

顾映的

自从2012年12月1日来蓉之后，我所遭遇的南方盆地冬季气候是这样的：不下雨就算晴天，屋里不如室外暖，出门棉袄加雨伞，进门披着电热毯。

随后据新闻报道：今年将是成都近十年来最冷的一个冬天。

我当场决定去印度。

在阴沉的天气中经历了一堆乱七八糟的事情之后，时间已经过去了一个多月。此时临近年关，成都气温艰难而缓慢地升至最高十八摄氏度。即便如此，阳光方面的不灿烂还是让我对成都失去了兴趣。

虽然说我最想去的地方除了四川就是山东，但是我目前还没有去山东的打算。打算继续南下。就在这个时候，我妈来电话了。

我妈："你去不去青岛？"

我："不去。"

我妈："我要去。"

我："去吧。"

我妈："你也过来。"

我："不去。大过年的你乱窜什么？"

我妈："我在青岛有亲戚，我要去创业。"

我："你是不是又看心灵鸡汤了？"

我妈："没有。"

我："你一个中年妇女眼瞅退休了创什么业？"

我妈："肯德基创始人六十六岁才创立的肯德基。"

我："还说没看心灵鸡汤？"

我妈："别闹。"

我："你不能跟人家学，年龄有差距。人家是六十六岁创业。你现在多大？"

我妈："四十六岁。"

我："你看见没。这就是差距。人家是六六大顺。你是四六不懂。创个啥。"

我妈："反正我就要创业。我需要辅佐。你给我过来。"

我："创业的事情就交给你了，让我独自承担富二代的重任吧。"

我妈："老姑娘啊你就来吧。你来看看你想干啥？妈给你投资。"

我："我要买船。"

我妈把电话挂了。

十分钟后，电话再次打来。

我妈："把你身份证号给我。"

我："妈，你是不是又碰上卖保险的了？"

我妈："别闹。"

我："是不是？"

我妈："大逆不道。"

我："为老不尊。"

我妈："我明天去青岛，给你三天时间过来跟我会合。"

我："不可能。"

我妈："你想怎么地？"

我："我得看看哪天机票打折。"

我妈："呸。"

我："等会儿，青岛现在多少度？"

我妈："零下二度。怎么了？"

查过票讯后，我定下了2013年2月10日成都至青岛的机票。就这样，我在成都度过了当地十年来最冷的一个冬天，在气温终于达到零上十八度的时候，我离开成都去了一个零下二度的地方。

其实我曾经去过一次山东，两年前我上大一的时候。有一次去北京，然后我一看北京离山东好像挺近，一下午的火车就到了，随后我马上从北京坐火车去了济南。主要是作为一个黑龙江人，北京看起来离哪都挺近。

下车之后走出火车站，迎面一条大标语：蓝翔技校欢迎您。不知为何有种见到偶像的感觉。

走到火车站广场，站前马路上的交通盛况顿时将我震慑。在短短一百米左右的路段上，车头朝着哪个方向的都有，中间夹杂着很多类似卖煎饼果子的小推车还有三蹦子，谁都动不了，整块路段宛如被龙卷风搅和过一般。济南人民以开碰碰车的技术在马路上演绎了一场违章大全。

我和其他行人一样在车群夹缝中挤过横道，过了横道之后，我拦住一位环卫阿姨："阿姨，请问公交车站在哪儿？"

阿姨顺着马路一指："欠边儿嘞。"

然后我走到了"欠边儿"。按照朋友的短信指示上了公交车，车行驶了十分钟左右，公交车报站：大明湖畔，到了。

我当时二话没说就下去了。

下去之后，马路对面就是大明湖公园。然后我给朋友打了电话将约见地点改到此处。

等她来了之后，我们进去，二人分饰多角演了一集还珠格格。

走到湖边柳树下。

"皇上，是俺，还记得大明湖畔的夏雨荷吗？"

走到亭廊角落中。

"皇上，紫薇曾经来过这里。"

天上飞过一架飞机。

"尔康，看，飞机。快许愿！"

当时我们寝室里有个淄博女孩儿，熏陶了我一年之久，所以以上琼瑶对话我都是用山普（山东普通话）演的。

玩够了之后，我们出去吃饭。路上发现市区内其他地方的交通也是一样的随意。走到了一条很宽阔繁忙的马路上，要过横道的时候，我发现路口没有红绿灯。然后我踌躇了一下，问："什么时候过马路？"

朋友说："没车的时候。"

吃完晚饭回到旅店住了一晚。

第二天上午，我问朋友："海在哪儿呢？"

朋友说："海在烟台、日照、青岛。这里是济南，从这到青岛，火车一下午。"

于是我权衡了五分钟。随后坐了一下午火车回了北京。

以上就是两年前我去过一次山东并走错了的经历。

2013年2月10日下午，我抵达青岛机场。

出门给我妈打电话："给个地址。"

我妈："不用。我让你小舅去接你。"

我："什么小舅？"

我妈："我表弟。"

我："我认识他吗？"

我妈："不认识。"

我："他认识我吗？"

我妈："不认识。"

我："那我跟他要用意念相认吗？"

我妈："噢，对，你等会儿。"

两分钟后，一个青岛号码打来。

我："喂……"

对方："小顾啊？我是小舅，我在机场门口呢。"

我："我已经出来了。"

小舅："哦，你长什么样？"

我顿时被这个问题击倒。

我："你找在正门口右手边，有个一身黑的女的。背个黄包，看见没？"

说话间我眼看着前方跑来一个寸头哥们儿，手机放在耳边，跑到我对面。瞅着我说，同时听筒里也说："我看见那女的了，你在哪儿？"

我顿时不知道说啥是好，只好向他举起手机示意了一下。

对面的这位小舅居然还对着听筒道："哈哈哈……是你啊。你让我找个女的我一时还没反应过来。"

我确实不知道该说啥是好。

往回返的路程中，双方简单了解了一下。这位小舅最近打算换车，目前整个大马路对他来说，就是个露天车展。一会儿指着前面说："呀！这车好看。"

说着把手机扔给我："给我查一下参数。"然后又指着前面说："哎，这车我不知道多少钱。"然后把手机扔给我："给查一下报价。"一会儿又指着前面的车开始介绍。因为没注意听我也没记住。

小舅无奈道："你给点儿热情。"

我："啥热情？"

小舅："你陪聊不够热情。"

我："我又不懂车。"

小舅："会不会欣赏？好车坏车看不出来吗？"

我："看不出来。只要是车门我不会开的车，都是好车。其他的就是普通车。"

小舅："照你这么说我这车也算好车？"

我："你这是面的。"

小舅："我车门坏了。"

我："……离我远点儿。"

说完又遇上了堵车。这是我们从机场出来碰上的第三次。

我："怎么大年初一还这么堵？"

小舅："一般时候都不堵，我一上路就堵，知道我外号叫什么吗？"

我："不知道。"

小舅："给你个提示。说完唱道：龙崩，龙老，慢雷偷偷供随云八药。"

我："程程。"

小舅："堵神。谢谢。"

我："你唱的那是《上海滩》。"

小舅："《上海滩》不是讲打扑克的事吗？"

我："没文化。"

小舅："你才没文化。"

我："你没文化。"

小舅："你有文化你给我背首诗。"

我："不背。"

小舅："你根本就不会。"

我："有能耐你背。"

小舅："怎么就不能背。"

我："你背啊。"

小舅："挖掘技术哪家强。"

我："……"

小舅："中国山东找蓝翔。"

我："这才两句。"

小舅："学厨师上新东方。"

我："还有呢。"

小舅："学计算机……还得找蓝翔。"

走到一半的时候，这位小舅突然决定顺路去海边玩。到了海边，此时冬天，海风奇大无比。

我："这么冷天有什么好玩的？"

小舅："你看那有海鸥。"

我："我看见了。"

小舅："小舅给你表演一个徒手抓海鸥。"

我："……"

十分钟后。

小舅："刚刚发生了什么？"

我："刚刚有个傻子撵着一群海鸥踩浪里了。"

小舅："哦，是吗？我什么都不记得了？"

我："我感觉你这个智商会比一般人活得开心。"

小舅："小舅给你表演一个徒手开心。"

随后我妈电话打来，我还没等接，电话让我小舅抢走了。

077

小舅："你女儿在我手上，给你一下午时间准备三十万赎金来救人，晚上五点见不到钱直接撕票。"

我嘀咕："傻子才信呢！"

小舅把电话一捂："你妈信了！"

我："……"

小舅按成免提继续说："没钱拿车换也行，我要一辆马自达CX-7，要不就猎豹CS6。"

电话那头一阵沉默。

小舅："要求车子没有抵押贷款。"

我妈："魏×生你是不是欠削？"

小舅："魏×生是谁？听这名字就是一个英俊潇洒的人。"

我妈把电话挂了。

在海浪跟前吹出摇滚发型后，我们散步到了沙滩上的游人休闲区。有很多小孩儿在迎风玩泡泡水，小舅去地摊儿买了个泡泡水给我。然后，又返回地摊儿买了把竹刀。指示我：你给我吹大泡泡。

我顺着海风给他兜了几个大泡泡。小舅拿竹刀唰唰唰一顿削泡泡。砍完，示意我再吹。

又给他吹了几个大泡泡。接着又是一顿削。重复了六次之后，我终于受不了了。

我说："小舅，能不能告诉我你这是在干啥？"

小舅缓缓将刀收入刀鞘，遥望海面道："水果忍者。"

别逼我大义灭亲！

你欠我一个蓦然回首

何子末

"许世安是卖锅盔的。"

全世界都这么说。而龙塘湾小区就是我的全世界。

爸爸妈妈走了以后，我就跟着奶奶住到龙塘湾的一个小车库里。奶奶在龙塘湾的门口摆了个水果摊。

每天早上，我先把早饭做好，再和奶奶一起把水果摆出去，吃了饭我就去学校。下午回家的第一件事不是做作业，而是做饭。做好了饭给奶奶送去或者是换奶奶回来吃，这之后才开始在二十瓦的灯泡下做作业。等时间差不多了，再和奶奶一起收摊。虽然是这么安排的，但我还是只要一有时间就和奶奶一起摆摊。

一开始这样的日子怎么都习惯不了。每天都睡不醒，上课昏昏沉沉，最初的那段时间，每天都被老师点名批评，后来瞌睡的次数多了后，老师也不管了，随我去了。虽然我知道自己从来都不是那种很出众的女生，但是老师对我的忽视依然让我觉得很难堪。于是每一次想睡觉的时候，都在抽屉里掐自己的手。我从来都尽量避免奶奶看到我的手，奶奶问起，我就说是一不小心打在墙上了。

车库又暗又潮湿，只要一下雨，奶奶就犯风湿。尽管她不说，但我也知道她痛得不得了。我给她买了几次止痛药后她就不让我给她买了，说是要留着钱等我念大学用。我点点头，却不止一次在听着奶奶低沉呻吟声的时候，恨自己不争气，拿不到奖学金，不能给奶奶买药。

眼泪总是在这样的夜里溢出我的眼角。在每个冷雨夜，我都暗自发誓，我一定要挣很多很多的钱，让奶奶住上有落地窗的充满了阳光的房子。

卖水果的第一天，我就注意到对面有个卖锅盔的——比较年轻，大概20岁的年纪。但他和镇上其他卖锅盔的不一样，因为他虽然穿着已经洗得掉色的衬衫，但总是干干净净的，甚至连他卖锅盔的小车子也是干干净净的。

他应该也和我一样，是梦想被现实打败的人，我们也算同是天涯沦落人了。这样想着，我不禁又多看了他两眼。没想到他竟然迎上了我的视线，冲我笑笑。我也只好尴尬地冲他笑笑。

后来知道他叫许世安。许世安的锅盔做得很漂亮，金灿灿，油亮亮的，分量很足。龙塘湾进进出出的人都说："许世安，来两个锅盔！"他"哎"一声，然后就把已经做好的锅盔包好递到人家手里。

我无数次想象，要是那个说"许世安，来两个锅盔"人的是我——对面那个卖水果的，他的反应会不会和其他人对他说这话时的反应不一样。每次想到这里，我都会在水果摊后面或者是课桌前暗暗发笑。

终于有一天，我也走到他车子前。"许世安，来两个锅盔！"这是我第一次叫许世安的名字。许世安，许世安。我又在心里默默念了两遍。

许世安抬起头看着我，愣了一下，然后才从玻璃柜里取出两个刚烙好的锅盔，包好，递给我。我注意到他挑的是里面最大的，还是热乎乎的，拿在手里，特别暖。

我给他五块钱，他不肯收，推托着说："都是邻居，客气什么。"

我白了他一眼："你可是个做生意的人，要是龙塘湾的每个人都来问你要一个，那你还不把自己给赔进去？"说着就硬把钱塞到他手里。

"那我去你那里买水果的时候，你也要收我的钱。"许世安在我转身后，冲我喊道。

"好！"我回过头，冲他晃晃手里的锅盔，然后对着他咬了一口锅盔。

许世安笑了。我说，许世安的笑，如有春风拂过，所有的花都在那一刹那开遍了。

这算是第一次和许世安的交集。这次交集后，我才知道，许世安不只是年轻，而是"很年轻"，而且，许世安的眼睛很好看，就像海报里的男模特的眼睛一样漂亮。

从那天以后，我总是会躲在水果摊的后面，偷偷看许世安。猜测许世安身上的故事，并且暗自想着，他会不会也从他的锅盔摊后面偷偷看我，就像我偷偷猜测他一样猜测我。

许世安不知道，我一直在等他来买我的水果。可是，他从来没有来买过。甚至我都想，如果他从我水果摊前面走过，我就送他两个苹果。可是，许世安，那个卖锅盔的，一个苹果也买不起，从来没在我的水果摊前走过。我的苹果也从来没送出去过：许世安连平安夜要送苹果都不知道。

刚刚过了年，正是大家走家串户拜年的时候。水果摊的生意特别好，完全忙不过来，揽客，称重，收钱，找钱，恨不得有三头六臂。不过能有这么多人买水果，奶奶还是高兴得合不拢嘴。

一个女人挑了几斤苹果，一共28块3，她递给了奶奶一张一百元的。奶奶拿不准是不是真的，就递给我。我借着路灯看了看，然后把钱还给那女人："这张有点儿旧了，您换一张吧。"

女人接过钱，左看看右看看。我又说："钱没问题，只是太旧了，我怕用不出去。"我还想说点什么，女人就尖叫起来："假钱！你们给我调包了！调包了！"

听了这话，血液瞬间就涌了上来："你说什么呢！虽然我们是做小本生意的，但起码的良心还是有的！怎么能这么血口喷人！"

"就是调包了！我刚刚才从银行取出来的，怎么可能是假钱！"说着女人的亲戚也加入了进来。"把钱还给我们，不然我们就报警！""真不害臊！""我看到你们调包了！"女人的家人都站在她的背后给她撑腰。

那些话密密麻麻像箭一样射在我身上，瞬间遍体鳞伤。围观的人越来越多。我和奶奶被包围在人群中，百口莫辩。手指和口水纷纷飞了过来，让我觉得天昏地暗。怎么能这样呢？

"大姑娘，你行行好，我们有话好好说，我们还要做生意呢。"奶奶上前去想要拉过女人的手，却被女人一把甩开。奶奶一个踉跄，坐到了地上。有围观的人叫了起来，纷纷退了一步，生怕和这个老人产生半点儿关系。

"奶奶，奶奶，你没事吧？摔到哪里没有？"我想要把奶奶扶起来。可奶奶试了几下也没能站起来。我抬头看周围的人，希望有谁能够站出来。但和我视线对上的人都赶紧把视线移开了。我苦笑，刚来龙塘湾，人生地不熟，也不怪他们这样冷漠。

"别给我演苦肉计，快点儿把钱给我！"居高临下的女人，眼里装满了不屑与轻视。

我从包里摸出一张一百的甩给那个女人。她弯下腰从地上捡起那张票子放进钱包后那一家人才满意地提着苹果上车走了。围观的人没戏可看了，慢慢散了去。

奶奶还是坐在地上，发出低沉的呻吟。或许是受惊了，她只是一直小声念着"我没事，我没事"，再没别的话。问她，她也不答。

"奶奶，你别急，我马上就带你去医院。"我强忍着眼泪起身，跑去外面的公用电话亭打电话。刚跑了两步，就被不知是从哪里冒出来的许世安拽住。

"我已经打了120了。你先把摊子收了，才好去医院。"

我看了看他，又看了看奶奶，点点头，把车库的钥匙交给许世安。

我不敢再碰奶奶，只好陪她坐在冰凉的地上，看许世安帮我把水果车和他自己卖锅盔的车子一起拖回我住的车库里。看着许世安的背影，眼泪终于掉了下来。但还是很快就把它们擦干净，然后对奶奶说："哪里疼吗？救护车马上就来了，我们马上去医院。"

奶奶点点头："我没事，我没事。"

在医院的走廊里，看着窗外明明灭灭的灯光，突然很想知道，从这里走出去，会不会有飞的感觉。那样的感觉应该不会痛，只是会有些冷而已。一年三百六十五日，风刀霜剑严相逼。

"杜修琪，你不能哭。"

我转过身，看看许世安在灯光下半明半暗的脸，点点头。但眼泪还是如洪水般汹涌而下。

那天晚上，许世安只是站在离我半米远的地方，连半个肩膀都不肯借我。

许世安，你知不知道，从那天开始，你欠我一个可以依靠的肩膀。

"你知道人为什么要活在世上吗？"

许世安问我这话的时候，他坐在学校里的双杠上，阳光穿过茂密的乔木叶打在他脸上，斑斑驳驳的光阴交错。

我摇摇头。我怎么知道我为什么要活在这个世界上，又不是我自己想要出生的。

"因为每个人都独一无二，"许世安看看我，"懂吗？"

"不懂。"我老老实实地摇摇头，虽然我从许世安的眼睛里看到了自己。

"比如说吧。全世界有六十多亿人，也不止一个叫'许世安'的。但是'我'只有我一个——杜修琪，你也一样，只有一个。"许世安在说最后一句话的时候格外用力，好像是说这话要承担很大的责任一样。

许世安只念过初中。我问他为什么不念书了，一个人出来卖锅盔。

他说："生活比念书广阔得多。"

"可你还是想念书，不然也不会让我带你来我学校。"我并不放过他。

"有文凭总是好的。有学历才有在世界上混的资本。"许世安说这话的时候没有看我。我第一次看到许世安的视线没有焦点。

"哈哈，可你现在没有文凭，不也活得好好的。"

许世安沉默了很久后才说："好都是给别人看的，不好只有自己才知道。"

这之后，我们再也没说话，直到太阳渐渐西落。离开学校的时候，夕阳打在许世安的身上。我从来没告诉过许世安：许世安，你的背影很漂亮。

学业越来越重，我帮忙照料水果摊的时间越来越少，碰到许世安的次数也少了。

直到一天吃饭的时候，突然跟奶奶提起我好久没看到许世安了。

"许世安？那个卖锅盔的许世安？"

奶奶的音调比平时高了几个分贝，我好奇地抬起头来看奶奶。

"他不走了嘛。"

"去哪了啊？"我继续往嘴里塞饭，口齿不清地问。

"好像是北京。"

"北京？！"我差点把嘴里的饭全部喷了出来，"他去北漂——他去北京只是为了卖锅盔？"

"他说他要去北京闯一闯。年轻人嘛，出去走走也是应该的。这么好的一个小伙儿，卖一辈子锅盔也不是那么回事啊，以后对象都不好找。"奶奶还挺为这个曾经帮过她的年轻人着想的，连人家以后的个人问题都考虑进去了。

　　"卖锅盔的怎么了。"我讨厌别人给许世安贴上"卖锅盔"的标签。他和别人不一样，世界上只有一个许世安，他是独一无二的。

　　"许世安是卖锅盔的。"奶奶又把她的话重复了一遍。

　　"那又怎么了，我还是卖水果的呢。"我耸耸肩，继续吃饭。

　　许世安消失了，没人知道他卖锅盔卖到北京的哪个地方去了。直到一年后他又重新出现在龙塘湾。

　　"你去哪了？"

　　"五道口。"

　　"五道口？"

　　"嗯。"

　　"像龙塘湾一样的地方？"

　　"等你去了，就知道了。"

　　从那天以后，我不但记住了许世安的电话，还记住了"五道口"这个地名：他们说，五道口周围高校林立。

　　许世安，你是要先去五道口帮我占个好位置吗？你在五道口那边卖锅盔，隔着人群，我正好在五道口这边卖水果。要是这样，我肯定会对来光顾我水果摊的每一对学生情侣说：瞧见对面那家许氏锅盔了吗？那是世界上最好吃的锅盔，一定要买来尝一尝。

　　高考的那几天，气温高得不像话。我让奶奶不要去摆摊了，怕中暑。

　　"那我跟你一起去考场吧。"奶奶很认真地说。

　　"好吧。不过你一定要站在树荫下。"奶奶，你不知道我有多害怕从考场出来就找不到你了，就像突然就找不到爸爸妈妈了一样，只剩下一车被撞得七零八落的被血染得通红的烂苹果。

　　高考的那两天，我都拿满满两瓶水，奶奶一瓶，我一瓶。每次从考场出来我都会在左边的第三棵树下找到躲在人群里的奶奶。我会挽上她的胳膊，我们一起慢慢走回车库。对我来说，不用摆摊卖水果的日子，或许是最美的日子了。当然，如果有许世安在我对面卖锅盔，我更宁愿去卖水果。

　　"考试难吗？"奶奶粗糙的手紧紧贴着我的手。我们的汗水粘在一起，湿漉漉的，但我不愿意放开。我怕一放开，奶奶身边就没有人了。一个人守摊，是全世界最孤独的事情。

　　"不难。"我牵着奶奶的手，冲她笑笑，然后带她慢慢走遍这个小镇，我们一起去找锅盔吃。

　　"没有许世安的正宗。"已经掉了太多牙的奶奶细细地嚼着锅盔，小心翼翼地，像是吃山珍海味一样。

　　填志愿的时候，老师看了我的志愿，差点气得吐血：杜修琪，就凭你这个成绩，也想在五道口混？不想上大学了是吧？

　　许世安，你说我要是真去不了五道口该怎么办？我是不是要一直一直在龙塘湾的门口摆水果摊，等你把锅盔摊从五道口搬回来？

　　已经是万家灯火了，街上行人寥寥。我扯了扯衣领，加紧了步伐。

　　过十字路口的时候，口袋里的手机震动了起来。我提着面包牛奶，专心致志地过马路。过马路一定要认真，两年前的一个清晨，爸爸妈妈就是在这个十字路口消失了，连同满满一辆三轮车的苹果一起消失了。

　　手机没有来电显示，我不知道是谁打的。但愿是打错的吧。手机是很久之前捡来的，但一直没有用得上它的地方，直到填高考志愿的时候，班主任一惊一乍："杜修琪，你们家怎么能够没有手机呢？不填联系方式录取通知怎么办？！"

于是，我用这个手机接到的第一个电话是邮局打来的。他们说他们都要急死了，打我好多个电话都不接，也不回电话。他们说找不到我的地址，不知道是哪个车库，让我自己去邮局取。挂了电话，我亲了这个破手机一下。

回到家，刚把东西放下，还没来得及回奶奶"拿到通知书了没有"的问话，手机就又振动了。我抱歉地冲奶奶耸耸肩，然后出去接电话。

"您好？"

"是我。"

我挂掉电话，站在车库外。万家灯火辉煌，虽然现在没有哪一盏是为我而亮，但以后总会有的。

回到屋子里，奶奶问我是谁打的电话。

我笑笑："打错了。"

过了一会儿，手机又振动了，是一条短信："我在五道口等你。"

那一个晚上，我都对着屏幕已经花得面目全非的手机傻笑。

许世安，你知道我为什么不接你电话，不回你短信吗？因为你不知道在那袋面包牛奶下面压着的是北京海淀区一所高校的录取通知书。面包会有的，爱情也会有的，就是说的这个吧？

我只是想在人来人往的五道口的人海里慢慢寻找你。找到了，我就安静地站在不远处默默看着你，等你蓦然回首时才发现：原来我早就在这里。

永远陪着不完美的你

如果有下辈子，我想我还是要当你的女儿。习惯了你的关心与疼惜，就再也找不到下一个能容我放肆的天堂。

那么你呢，一定是迫不及待地想甩掉我这个烦人的大包袱吧？可我还是要缠着你，听你讲故事，看你臭美，和你吵架。

你听得到吗，我最美丽的妈妈？

不管过去、现在，还是未来，我希望会一直陪在你身旁。

有句话说不出口

原味觉醒

九月，我从南方的四川考到北方的天津，告别了绵密的潮湿。

第一次跨进大学校园，我就像一只常年在淡水湾潜伏的虾米，忽然被扔进了无垠的大海里，不仅害怕会有大鱼小蟹来咬我，甚至忘了该怎么呼吸。

和那些衣着靓丽的学生比，我是卑微的。爸妈都是普通的农民，有他们站在旁边衬着我，连普通也算不上。

我记得老子的孝道，父母为天。但此时我只有一个念头，希望他们快点消失。所以当爸妈挥手和我告别的时候，我没哭，连一次头也没有回，我想我一个人也可以过得很好。

室友们陆续到了，我坐在自己铺好的被褥上，看着他们的爸妈一个褶一个褶地帮她们把被褥拉平。家长们嫌弃着自家孩子，夸我能干，我微笑着接受，却心生羡慕。

宿舍没网，我找到学校的电子阅览室霸据一方，正听着歌，爸爸打来电话，我压低声音问他有啥事，没事就挂了，这里怕吵，不允许打电话。

耳朵里环绕着田馥甄的 *love!* ，我的眼泪一滴一滴地摔下来，砸得键盘"啪啪"作响，弄得邻座男生很是慌乱。

他说："就跟你说一下，我和你妈到北京了。"

"嗯，去哪儿玩了？"

"天安门。"

"还有呢？"

"没了。"

"没了？现在在哪儿？"

"在北京西站，明早七点的火车。"

"怎么不多玩玩？妈还没来过北京呢。"

"……"

"那你们住哪儿呢？"

"……"

耳边传来妈妈的声音，她欢脱地说："去了天安门，还照了相，广场很大，人很多，佳佳，你不知道，你爸不会用那种地铁卡，我跟在你爸后面，哎呀，我们半天都出不去，最后还是好心人带我们出去的。"

妈妈是我们那儿出了名的话痨，可我记得，她从天津站出来直到从学校离开，都没怎么说话。带着南方口音的普通话，只要从妈妈嘴里蹦出来，我就会笑得花枝乱颤，她忙闭了嘴，慌乱地看着我……

我能想象得到出地铁站的时候，寡言的爸爸伸出结满厚茧的宽大手掌，牵着妈妈，扛着行李，一点点消失在光亮处。

"那你们住哪儿呢？"我又问。

妈妈沉默了一下："这人少，就在火车站睡一晚上就行了。"

妈妈的话像一记耳光，甩得我生疼。火车站里那种椅子我坐过，每个座位都有扶手，根本不能躺的，爸妈都是四十多岁的人了啊。

我无言，手机里传来一阵杂音。

爸爸接了手机："你妈要去上厕所。"

我刚想说话，要他们不要省钱，好歹去住个旅馆，爸爸打断了我。

"哦，你妈要我告诉你，要好好学习，好好吃饭，不要省钱，不够就打电话。还有啊，那天在学校和你分开的时候，你刚转过身，你妈就哭了，怎么也停不了，你妈还不准我说。"

我"嗯"了两声便挂断了电话。在你们依依不舍的时候，我忘记了回头，给你们一个微笑或是拥抱。我是那种一哭起来就说不出话的人，和我妈妈一样，所以我知道，她一定不是去了厕所，而是坐在旁边抹眼泪。

我给爸妈发了一条长长的短信——从没说过的爱，终于说出口。

如果我是迷路的孩子，
你会不会站在原地等我

袁旭飙

致 父 亲

如果我曾经沉迷在往事里，

只知埋头颠沛流离；

如果我曾经是迷路的孩子，

走近你，又逃离；

如果当我终于懂得摒弃过往，

珍惜眼前的生活；

你还会不会，

会不会站在原地等我？

我们最近一次的离别大约是在半月前的某个阳光温厚的午后。那时的你提着单薄的行李即将踏上哐当作响的绿皮火车，并在那里度过漫长的二十五个小时后抵达另一座对你而言从未涉足过的陌生城市。

你转身离开的刹那我听见母亲短暂低声的啜泣，我一动不动地站在原地凝视你留给我的坚毅背影。

它并非如朱自清父亲的背影那样蹒跚跟跄尽显苍老，你骨子里的骄傲使你的脊梁依然挺拔，头颅依然高昂，只是身体里的热血不再沸腾。

已经不惑之年的你终究是不再年轻了，在你像无根的浮萍那样经历了人间沧桑世间冷暖后终于变得沉稳老成，波澜不惊。

我曾偶然看到过你年少时的照片。已经泛黄蒙尘的老照片上是一个矮小瘦削、中分头、白衬衫、黑色长裤、眼眸清澈的翩翩少年，与现在这个身体发福、有啤酒肚、短寸头、青睐深色条纹衬衣和休闲裤的中年男人判若两人。我经常向奶奶以及姑姑们打听你小时候的事。

"虽然是个男孩子却很爱干净，白球鞋上很少有污点。"

"读小学时成绩特别好，老师都让同学们向他学习。"

"家里就这么一个儿子，都惯着他。"

"喜欢侃大山，经常嘲笑姐姐脸上的雀斑。"

这些对你的描述我都深信不疑。因为你总是在第一时间洗干净脏的衣物，因为你给了我一些读书方面的优秀基因，因为你总是喜欢开别人的玩笑，因为你对我的宠溺无限。

除了这些我还是经常想象，想象你第一次乘坐火车即将去远方时脸上欣喜又担忧的表情，那时的你是否知晓，从第一次背井离乡后你便开始了漂泊无依的生活，长达二十年甚至更久，久到你写不下归期？想象着你初到一个新的环境被陌生包裹的恐惧，以及思念家乡想念亲人的苦涩，那时弱不禁风的你是否在暗夜里蒙着被子低低地啜泣？想象着你拿到第一份微薄工资时激动的样子，那时的你是否纠结于攒起来交给父母还是买点有意义的东西？想象着你得知母亲孕育了我，你即将为人父时欣喜若狂的样子，那时一向行事高调的你是否逢人便告知这个喜讯并做好了迎接我的准备？

后来的后来，我再不需要想象，你告诉我的加上我记住的，足够形成一根贯穿于你我之间清晰的线。

一岁时，我游弋于你温暖的怀抱，跟你未刮干净的胡楂儿玩耍，或是坐在自行车筐里，体会着一路的颠簸兴奋得手舞足蹈。

三岁时，你从外地寄给我大包的漂亮衣服和鞋子，还有会说话的洋娃娃，在那个贫穷的年代这无疑是奢侈的。

五岁时，有些笨拙的我学不会幼儿园老师教的知识，你便把我留在家里。那时你的工作是炸丸子，白天你总是趁着丸子在油锅里翻滚的空隙用你沾满肉馅油腻的双手指着每个生字一遍遍地教我它们的读音，晚上你用自制的小黑板教我英语单词。

七岁时，你的工作变成了卖水果，天不亮就要起床，晚上风尘仆仆地归来，我总是缠着你给我讲故事却总是听到你不知所云的呢喃和沉闷的鼾声。

九岁时，我们去了新疆。那时你在沙漠里工作，白天嘴里嚼着满口黄沙摆弄仪器，晚上躺在帐篷里听风的呜咽和狼的哀号，独自一人品味着孤独。你让我上了当地最好的小学，因为是借读生我的学费比别人贵几倍，这无疑是在窘迫的生活里雪上加霜。多年以后我们谈起那段时日，我以为你会滔滔不绝地抱怨，可你只是淡淡地说并不后悔因为在那里给我打下了好的基础。

十一岁时，我的学习成绩很好，你带我去书店买大摞大摞的作文书，并在上面写下：你是爸爸的骄傲，爸爸的生命因你而精彩。

十三岁时，你在如潮的人群中使劲往前挤，踮起脚尖昂起头费力地在小考成绩榜上寻找我的名字。当知道我考了全县第八时你做了一大桌的菜，一向不喝酒的你也拿起酒杯，微醺的脸上有掩饰不住的骄傲和得意。

十五岁时，快要中考的那段时间，你丢下工作回家陪我度过一个又一个熬得眼皮直打架的深夜和天还只是蒙蒙亮的清晨，你倾尽所有地为我做所有力所能及的事。

都说父爱如山，可山太缥缈虚无，你给我的爱像细小柔软的沙粒，一点点地嵌进我的血肉，与灵魂合为一体，难以剥离。在我眼里你是神明一样的人物，我知道你会为我准备好一切，也会为我抵挡外界的一切伤害，在我眼里你是最亲密的朋友和最信赖的伙伴，我愿意向你吐露一切。

　　而今年，我十六岁。这一年，我带给你太多的伤痛，从一开始的休学到后来的种种。母亲说你的心已被我伤透。你说你对我不再抱有任何希望。我亦知道你不再以我为骄傲，与外人谈起我你只有叹息沉默而不再是当年的眉飞色舞。你总是愤怒地质问我，为什么要那么堕落，你嫌我学习时间不够长，你不允许我看课外书……

　　而我与你也有了嫌隙，我不再向你敞开心扉，像从前那样与你侃侃而谈，我们总是有误会和分歧，然后便是无休止地争吵、冷战，多年以来的父女情分似乎是藕断丝连。面对这样的彼此伤害，我哭泣而你沉默。我觉得你不再是当初那个温厚开明的父亲，你亦不再觉得我是当初那个单纯透明的孩子。我知道我们都有了一些变化，只是不解，究竟是你老了还是我成熟了？总之我们之间有些东西不一样了。我尝试着让你接受我各种新潮的思想而你抱着传统的观念不放，你试图用你的思维圈禁我而我拼命地摆脱束缚，你不屑于我的理想主义我嘲笑你的现实主义。

　　这样的纠缠我们始终理不清思路难以评判对错，可是父亲，让我们努力改变现状好吗？如果维系我们感情的是一根粗壮盘曲的藤蔓，那我们现在陷入的尴尬境地便是藤蔓上被害虫腐蚀溃烂的地方，我们在这里重新撒下一朵花的种子吧。

　　我的父亲，希望你还可以一如既往地相信我，相信我并不盲目，我的理智犹存，我仍然在小心翼翼地掌握着人生之舵。请给我足够的空间和自由让我去义无反顾地经历，经历劫难必使我得到磨炼，经历福祉也必使我快活，经历了，总归是好的。我明白你竭力阻止我不过是害怕我受到伤害，你还像多年前那样将我庇佑在你的羽翼下，可是你没注意我也长出了稚嫩的翅膀，让我去飞吧，即使撞南墙，疼痛教会人成长。

　　在最后请允许我对你道一声感谢，感谢你给我完整的家庭和完满的爱，以及一直以来的不离不弃。

　　唯愿我父幸福安康。

永远陪着不完美的你

张塘佳

你是个漂亮的女人，虽然这是事实，可我不愿意去满足你那好笑的虚荣心，但每每听到同学或朋友的夸赞，我还是会无比开心与自豪。

你爱化妆，爱打扮，乌黑的头发总是绑成十七八岁小姑娘的样子，害得我每次和你逛街都被误认为是姐妹俩。

你大嗓门，五音不全，有时候甚至连歌词都不记得，却总是乐此不疲地大唱大跳。

你不爱整洁，屋子里总是乱七八糟的，想找什么东西必须要提前几天通知你，可你却总是喜欢指责别人不讲卫生。

这么看来，你好像有太多缺点。

说真的，我们似乎没有别的家庭那样和谐，有时候说说话就都能吵起来，就像是我的青春期碰上了你提前到来的更年期。

你嫌我不懂事、不爱学习、不够心疼你。

我讨厌你爱臭美、嗓门大、无理取闹。

可你知道的，我只有在你的面前才会显示出幼稚自私的一面，而你也只有面对我和爸爸时，才会卸下所有的伪装。只因为我们是亲人，是一家人。

其实又怎么会忘掉那些你对我的好呢？

忘不了你在深夜里哄着发高烧的我，端水喂药时的疼惜。

忘不了你每次出门前都惦念着我，电话叮嘱不断的唠叨。

忘不了你寒来暑往从不间断接送的劳苦。

也忘不了四十度高温的北京，你难受地卧在床上，只为看见我开心笑容时的辛酸。

这么多年，你总是在说我不够爱你，不够心疼你。可你却从来不知道，即便我没有别的孩子那样体贴，那样会对自己的妈妈讲心里话，但是你为我做的每一件事，我都记得真切。

因为我爱你，很爱很爱你。

总是想着自己长大后的样子，开着最拉风的跑车，载你和爸爸去环游世界。

给你买最漂亮的衣服，然后对着镜子告诉你，你是这个世界上最漂亮的女人。

我想如果有一台时光机该多好，把时光倒转二十年，我就能看见像我一样年少轻狂的你，回来后我就会理直气壮地对你说："看啊，那时的你还不如我懂事呢。"当然，我也自私地希望那个神奇的东西可以永远留住你最青春、最美丽的年华。

光是想想，都觉得是那样幸福。

亲爱的夏女士，也许未来的我还是会和你三天一小吵、五天一大吵，也许未来的我们还是会不时地将对方弄哭。可就算你那不懂事的女儿又说错了什么或是做错了什么，都请你包容。

因为无论我飞得多高，走得多远，只要你想到我，我就会一直都在你身边。

如果有下辈子，我想我还是要当你的女儿。习惯了你的关心与疼惜，就再也找不到下一个能容我放肆的天堂。

那么你呢，一定是迫不及待地想甩掉我这个烦人的大包袱吧？可我还是要缠着你，听你讲故事，看你臭美，和你吵架。

你听得到吗，我最美丽的妈妈？

不管过去、现在，还是未来，我希望会一直陪在你身旁。

白衣男子的奇谈

张欣晓

　　要是将古代诗词戏剧中的白衣少年一一盘点起来，无不是风流倜傥，似人似妖，他们以一把纸扇遮面，来去翩然，多给人神秘之感。

　　一年多来，每天能见到的，除去父母、老师、同学，便是校门外那位白衣男子了。他虽无纸扇，亦不风流，却有着丝毫不辜负那一身白衣的神秘和诡异。当我和一个已毕业了的学长谈起校门口的白衣男子，她惊呼："竟然还在那儿！"语气里有一份惊讶，却也有一种理所当然，也许她想说的本是："哦，就猜到他还在那儿。"确实，如果一个人既不是老师也不是家长更不是学生，却天天在放学时间，在校门口张望，即使天天不同样的装束，也是显而易见的可疑人物。而这个男子之所以能成为海中——这所百年名校的学子乐此不疲谈论的话题，可能是在于他的两个特点——风雨无阻和白色装束。

　　他不是步行而来的。在那个白色身影不远处，总能找到一辆黑色的电动车。车壳上好几处用胶布修修补补，露出不连贯的红色线条。他爱站在校门口的东侧，这是个不会挡任何人走路的死角。不然就是在校门往南的第一个弄堂口内侧，倚在他那辆饱经风霜的电动车上，几乎不眨眼地将自己的注意力，平分在每一个过往学生的脸上。不管是什么天气，只要他出现在那里，没有任何其他的言语、动作，只是站着、看着。

他似乎只有两套衣服，一套秋装，一套冬装，而他的出现也只限于可穿这两套衣服的季节。天气开始不那么热的时候，他会穿一件长及膝盖的白色风衣出现，配以同色的裤子和皮鞋。

即使戴了眼镜，大家还是害怕他。试想一下，当你兴致勃勃地走出学校，想去喝一杯热气腾腾的奶茶时，猛抬头，有个成年男子目光灼灼，盯着你走过。目光里有时充满抚爱，有时全是焦急，有时空洞无神。你不得不害怕：下一刻他会不会伸出手来拉住你……

好在他从不拉人。关于白衣男子的来历，和他在校门口等待的原因，对于我们来说是一个谜。在学生之间有个流传甚广的故事：他曾有一个可爱而又优秀的儿子在海中上学。每天他都在校门东侧或是弄堂口等待他的儿子，用那辆电动车带儿子回家。然而就在儿子升入高三后不久，在叶落的时节，他在某个中午，却再没等到他的儿子。那个优秀的学生，就这样失踪了，谁也不知道他的去向。于是他开始精神失常，仍每天去校门口等儿子，努力辨认每一张面孔，固执地相信有一天，他的儿子还会背着书包出现在校门口。为了让儿子能一眼认出父亲，他有意穿着一身显眼的白色，出没在儿子失踪的那一个季节——秋天，并且，一直等到冬天。

一月初的几天，他没有按时出现在校门口，我竟有些挂念起来。他是骑着那辆破电瓶车在哪里出了车祸吗？还是被保安赶走了？奇怪为什么会想起他，也许是被传说影响，竟有一丝伤感浮现。之后又希望他不要再来，害怕再见到那个白衣男子，没有任何的言语、动作，在校门口站着、看着，努力地辨认每一张面孔。

你会不会提前回来

折扇竹木

我是在很久之后才恍悟这么做是非常残忍的。

从9月入学军训逃回家，到之后的中秋翘课提前回家，再到确定了学校国庆放假时间而毅然改签了原来订好的第二日的动车车票，奔跑着出校门就坐车前往火车站赶回家，我都没有提前和妈妈说。

因为想制造惊喜，突然敲响家里的门，紧贴着墙壁捂住嘴，会忍不住弯腰，另一只手捧着肚子不让自己笑出声来，听着门那一头的妈妈问："谁啊？谁啊？"

光敲门不说话，一边笑一边等，算算时间差不多了就大声喊出来，"我啦我啦！"

她打开门，笑道："我就想你会不会提前回来。"

或者是这样的惊喜：给她打电话，抱怨被室友拖着去逛街累死了。她在电话那一头嘱咐我别老宅在寝室里，多和室友走走是好事。我气喘吁吁地上楼，大声告诉她虽然宿舍在三楼但是每次走楼梯都累得很。

到家门口了。"开门开门！"妈妈在门的那一头接着我的电话，静静地等我的室友为我开门。

"开门开门！"

"开门开门！"

她才有些犹疑："你不会回来了吧？"

"怎么可能啊！我都买好了明天的动车票了，不坐多浪费，开门开门！"

"不对吧？"我听见了她在屋里走动的声音。

"我回来啦快开门！"

门打开，她说："我就猜到了你说不定会提前回来。"

后来想不到什么新奇的点子，什么花样都没有玩，就像平常的昨天、普通的前天一样，只是今天的我跑过了大半个城市到达火车站，再跨越了好几个县市回到了这座城市，又拼命挤上公交回到家里，敲门报名，听她一句："我就想说你会不会提前回来。"

真残忍，我才发现。

因为爸爸常年在外，一年都难得回来几次，我和妈妈相依为命十几载，她也终于被岁月催着往前走，到了该把女儿送上大学的年纪了。

一个家，一个人，一盏灯。

上班，下班，开门，关门。

她要猜多少次，才能等到一个真正说得出口的"我就猜到了"！

多少次万家灯火明明暗暗她才等到我一句"我回来啦"！

她以前从不看小说的，也从不开客厅的灯，前者令她无趣，后者因她惜电。当一个家只有一个人的时候，她开始听有声小说了，设定一个时间，煮饭、吃饭、洗碗、出门，到夜深人静她已入眠手机仍然在运转，到一个时间，关机。

我说："你这样不是完全没有在听吗？"

"不会啊，有在听的。"她把袖子撩高，戴起手套，开始洗碗，"这样我觉得有人在和我说话。"

多寂寞。

时至今日我才觉得自己明白了什么是寂寞，不是多少华丽辞藻堆起来的心事与谁同，也不是灯火凄凄一人行的夜晚凉风。

单单寂寞两个字就足够寂寞。

可是，又能怎么办呢，书还得读，路还得走，工作也要继续。一辆列车把这么多人从一座城市拉到另一座城市，每一天来来往往不停歇。有多少像我一样的人奔波在两座城市，回家奔跑时只听见耳边的风声，只感受得到脉搏的跳动简直就像注入了新的血液，而返校时就只剩冰冰的手，凉凉的汗，风一吹也只想哭。

又有多少人在一年只听得到一句"我回来了"！

又有多少人，一年不断地猜测也只等得到一次说出口的机会，"我就想你会不会提前回来"。

永远陪着不完美的你

蔚蓝色的思念

走 楠

亲爱的弟弟，最近很想你，你在海蓝色的国度里还好吗？

打开昨天你发给我的短信，我又傻呵呵地笑了，可是笑着笑着，眼泪就出来了。要是你看到我这模样，又该骂我了吧？

短信上你说："姐姐，天冷了，要好好照顾自己，多穿件衣服！"

你什么时候开始懂得去关心别人了？我甚至可以想象到你按着键盘打这条短信时那别扭的表情。但心里暖暖的，真的！

你也要好好照顾自己，知道吗？

凛冽的风吹乱我的发，我的思绪不知飘向何方，很多与你一起的片段在脑海里不断闪现。

他们说，在我和你还穿着开裆裤时，你就老爱欺负我。睡在同一辆车篮里，每天你醒来必做的一件事就是用你那胖乎乎的小手抓我身上的肉。你怎么能把我也当成你身边的玩具了呢？我唯一应对的方法就是哭，因为我知道我是打不过你的。可"奸诈"如你，一旦我呜呜呜地哭了，你便随之"哇"的一声大哭起来。那声音可比战场上的冲锋号还要激昂。所以老妈每次都会教育我不能欺负你。

我就是在你这样的"欺压"下，坚强地长大。

随着年龄增长，你的调皮捣蛋不但没有改掉，还变本加厉。我很怀疑你是不是得了儿童多动症，要不然你怎么老喜欢伸着脑袋在窗口用弹弓对准别人家的窗户射石子呢？

每当"砰"的一声响后，看到窗户的玻璃碎了一地，你那颗躁动的心才安分下来，然后像个没事儿人一样回到房间睡觉。

老爸迫不得已给别人道歉，还帮你把打烂的窗给装上。但，你却优哉游哉地走到我背后悄悄地说："等过几天，我再砸烂它！"

我不禁冒冷汗，真想不明白那窗到底哪里得罪你了？心里不由得骂一句：你个祸国殃民的浑蛋。

没错，你在家里是"祸国殃民"的，在学校也一样。江山易改本性难移，你这坨烂泥到哪儿也扶不上墙。

在学校你就心安理得地闯祸——课堂上跟女生讲话，下课带着那帮肯称呼你是老大的弟兄们到处挑事……

而我三番五次地被你班主任请到办公室"问候"，在批评你的同时顺便也把我批个狗血淋头。你说我怎么不恼火？走出办公室后想做的唯一一件事就是扒了你的皮！但我没这么做，因为我知道这是不可能的。

当你回到家时才发现——前几天辛辛苦苦抓回来的麻雀居然消失了，昨天刚洗的衣服又脏兮兮地趟回到洗衣机里，那双奥特曼的拖鞋不见了一只……

我压抑住内心的强烈窃喜，安静地坐在一旁看电视，眼睛偷瞄到你那气急败坏的模样，心情突然特别好。

总的来说，你差不多占据了我童年的全部回忆，在我身上发生的大小事都少不了你。

前段时间我站在你身旁，惊讶地发现你已高出我一个头，便嬉笑着问你："你鞋里装了增高垫儿吗？"你奇怪地瞥了我一眼，很不屑地说："哼，我有必要垫那种东西吗？"瞧你这嚣张样儿，我狠狠地白了你两眼。

其实是我没发现，在不知不觉间我们早已长大。时间这个无情的东西，带走我们最初的容颜，带走曾经的岁月，还带走了你。

你执意要离开，离开这片生养你的土地。在你走的前一个晚上，老爸打了你，狠狠地扇了你一个耳光。你倔强地抬着头，沉默承受所有的打骂。那时你没哭，但我却哭了。

十二点，夜越来越深，越来越宁静，静得让人无法呼吸。你房间没有开灯，当我走进去的时候，依然能洞穿所有的黑暗，找到安静坐在窗边的你。

月光淡淡地洒落在你落寞的脸上，空洞的双眼凝望着窗外无尽的黑暗。我缄默着在你身旁坐下。

"明天我要走了。"你平静开口。

"好！"

"帮我照顾好爸妈。"

"好！"

一阵凉风吹起，吹痛了你的眼。一滴晶莹的液体无声地在你眼角滑落，打在你的手背，一滴，两滴，三滴……最后被你压抑的情绪像决堤般释放，你颤抖着肩膀像个小孩儿般呜呜哭了起来。我轻轻把你的头靠在我怀里，强忍着自己泛酸的眼，心像撕裂般疼痛。我不能帮你承受生命中的痛苦，但我多想让自己给予你坚强的力量。

第二天，你果然离开了。我看到你留在我房间里的纸条。你说：我曾经努力让自己去学好，让自己像个普通的学生一样好好学习，但我还是办不到。我不想被人安排着一条路走下去，我有自己的追求和目标，我想去闯一闯。

从小到大，你最叛逆最让人操心，却是活得最逍遥自在。我多么羡慕你。你再也不是我眼中那个爱闯祸的坏小孩儿，你已经在无声的时光里轰轰烈烈地长大。从一个小男孩儿蜕变成一个顶天立地的男子汉，那只是一个过程罢了。在不断向前的路途上，你终会找到你的方向，闯出一片广阔的天。

现在我终于懂得你那晚流下的眼泪，那是需要多大的勇气才能决定放弃一切，独自走向未知的世界。但我始终相信，你终会找到真正的自己。

窗外下起了毛毛细雨，此时我又在思念你，我亲爱的弟弟！

永远陪着不完美的你

那些青春很年少

　　在木棉树种子飞扬的那几天，风异常张扬，所以木棉树的种子才分外活跃。搞清楚风与种子的关系后，陆子习惯性地一个人背靠木棉树盘腿坐在操场的草地上看大片大片毛茸茸的小白球脱离树枝，在空中一舞就顺服地落在地上。陆子第一次看到大片的小白球在窗外飘扬就想起美丽的雪花。

那些青春很年少

隔世空颜

一

五月，操场边上木棉树的种子被表皮的白色纤维带着漫天飞舞。虽然陆子也被那些细细的纤维弄得脸发痒，但他却莫名地喜欢上了这种场景。

在木棉树种子飞扬的那几天，风异常张扬，所以木棉树的种子才分外活跃。搞清楚风与种子的关系后，陆子习惯性地一个人背靠木棉树盘腿坐在操场的草地上看大片大片毛茸茸的小白球脱离树枝，在空中一舞就顺服地落在地上。陆子第一次看到大片的小白球在窗外飘扬就想起美丽的雪花。

每当陆子望着遍地小白球出神时，同桌白杨总会煞风景地作感慨状："你说这东西多像兔毛啊，要是在'××幻想'里我就发了。"害得陆子每每都情绪激动想揍之而后快。白杨是陆子嘴里的孽缘，从小学到现在他俩都待在同一个班，但也仅是介于点头与不点头之间的交情，真正热络起来是在初一的时候，陆子跷课上网遇到在"××幻想"里血拼的白杨，正在两个人组队杀怪的重要时刻，班主任突然来袭，眼尖的白杨拉着陆子就往外跑。结果在同样眼疾手快的班主任和班长的左右夹攻之下双双落网。

在长达两个小时的教育后，陆子和白杨终于被"无罪释放"。

感情的事有时真的很难说得清楚，友情也是一样，常常因为共同经历某件小事就能有相见恨晚的感觉。都说革命战友的感情最为坚固，要不陆子和白杨也没有一起厮混的感情基础。

从班主任办公室出来的时候已经是夕阳西下了，陆子和白杨晃到了操场。"喂，陆子，刚才老班问你的理想时，你说真话了吗？伟大的科学家？哈哈，我小学的作文也是这么写的。"

陆子脸不自然地抽了一下，一屁股坐在了草地上："人在江湖身不由己啊……那你呢，伟大的教育家先生？"

"嘿嘿，我是说真的，等我将来当了教育家我就可以把教学制度都改了，再把班主任炒了！崇拜我吧？哈哈！"白杨戏谑地坏笑着。

"教育家可以炒老师的吗？"

"呃……应该可以吧？不是说老师是教育工作者吗？那要排等级的话教育家怎么听也比工作者厉害啊，你说是吧？呵呵。"白杨干笑了两声，连忙转移话题，"对了，那你的真实理想是什么？"

"我想当个匿名的作家。可以写自己想写的文字，没有人会规定条条框框，没有人会给你打分数。可能还会有人骂你，不过很自由。"陆子说话的时候没有看白杨，他抬头看着即将被黑暗侵袭的天边，眼睛亮亮的。

"为什么不当个著名的作家呢？这样我也可以跟着沾光嘛，哈哈。"

陆子轻拍了一下自个儿的脑门，对白杨做了一个无语的动作。"你知道三毛吗？一个台湾的女作家，我就想像她那样去流浪，然后记录下旅途中的点点滴滴。要是著名的话就不自由了。""匿名作家"陆子和"教育家"白杨在当时说得激情万丈。现在再回头看看才发现梦想如此脆弱，笃信梦想会实现的勇气不知从什么时候开始已经慢慢消逝了。

二

陆子的成绩不算好，除了最喜欢的语文能在年级里出尽风头之外，其他科目只能用垂死挣扎来形容。而白杨更是干脆——全军覆没。在迷恋网络后更加惨不忍睹的成绩单面前，陆子终于良心发现般地与网络绝交了。与此同时白杨却陷入网络世界里不可自拔。

在班主任第N次找白杨谈话并第N+1次要求了请家长后，白杨终于在年轻的班主任面前摔门而去。在门后，白杨清晰地听到了班主任颤抖的咆哮声。显然一位渴望做好老师本职工作的青年教师已经没有耐性去维护作为老师该有的风度了。白杨的叛逆举动不光让班主任下不了台，也成了同学们窃窃私语的话题。只有陆子知道白杨家里出事了。

不久前，白杨父亲的外遇对象闹到了白杨的母亲面前，厮打，谩骂，两个失态的女人倾尽世上一切肮脏的字眼儿去侮辱对方，而那个始作俑者却在混乱中急急地逃开了。这一举动再次重重伤害了白杨，他记忆中的父亲从来都是形象高大，无所不能，可在这黑暗的星期天里，他尊敬的父亲，不仅背叛了他的家庭，还懦弱地逃避责任。风波过后，白杨的父亲回家一言不发，母亲呼天抢地。就在那一刻，白杨突然觉得他的母亲很可怜，为了这个家委曲求全，完全没有了自我。心痛之中甚至带着些许鄙视。这样可怕且迅速的心理转变，让白杨有些手足无措。这一切都是后来白杨告诉陆子的。陆子当时不知如何去安慰眼前这个曾滴酒不沾现在却烂醉如泥的白杨，他只是隐隐有种不好的预感，他与白杨将会再一次陌生。

就在白杨摔门而去的那个下午，白杨的母亲到学校办了退学手续。从此，白杨就杳无音讯了。陆子以为他与白杨的故事就这样大结局了，他也曾抱着希望在又一个木棉花盛开的季节，有一个煞风景的白杨能打破美景，缠着他讲游戏里的欢乐情节。可是，直到陆子考上市里的重点高中，白杨都没有回来过一次。

那是一段让人怀念的日子，虽然陆子早已经退出幻想江湖多年。"浑蛋白杨"这四个字也从最初的一天出现十次慢慢削减到一天一次，高中的课程已经容不得陆子再心有挂牵。而随着时间的流逝，陆子也慢慢搁浅了曾经的记忆。那些年少而张扬的日子，那些一起讨论过的女孩儿，那些一起在操场上挥洒的汗水，还有那些一起憧憬过的梦想，种种难忘的青涩记忆都被陆子锁在了脑海深处。也许自己念念不忘的不是白杨，而是在一起厮混过的曾经。

三

生活之所以充满惊喜就在于世事难料。就在陆子得知自己考上上海名牌大学的那个夏天，黝黑健壮的白杨搬着煤气罐汗涔涔地出现在了陆子家里。白杨一下子就认出了依旧清秀的陆子。空气中弥漫着淡淡的汗臭味，气氛有些尴尬。最后还是陆子开了口，"你小子，这么久了，死哪儿去了？"还是那样热络的问候，可是语气里却夹杂着不可避免的生疏。

白杨也不自在地笑了笑道："没去哪里，刚才我听到楼下有人说陆子考上了名牌大学，没想到真的是你。恭喜。"

"谢谢……"

"那个，我得走了，还得送煤气呢。再见。"说完，陆子正想说点儿什么，白杨已经转头走了。

门内："白杨……唉……"

门外："我这是怎么了？咳！"白杨有些懊恼，他不知道为什么他在陆子面前那么急着逃离，也许是自卑作祟。白杨也曾幻想过千百种与陆子重遇的场景，但，却偏偏上演了他最不愿意接受的一种。"终究是不同世界的人了，相见不如怀念。加油吧，我最亲爱的朋友。"白杨喃喃念道，转身离开了……

夏天过后，陆子怀着兴奋的心情踏上了通往心中期盼已久的神圣殿堂道路。道路的那一边有着那座让陆子魂牵梦绕的象牙塔，三年的辛勤付出在此刻终于有了回报。虽然那天与白杨的匆匆一别让他倍感唏嘘，但此刻，在这梦想即将实现的时候，一切纷扰都不再重要。

　　曾经关系很好的两个人一旦脱离了同一方向的轨道，所面对的是两种截然不同的生活，没有了一致的成长背景，就注定没有了共同的话题。与其消耗曾经的回忆来维系两个人的关系还不如继续各自生活，让美好的回忆永存。这么想着，一向自诩重感情的陆子有点惊讶，也许，他成熟了。陆子一扫心中积压已久的阴霾，对着车窗外最明亮的天空微微笑道："一起加油吧，我最亲爱的朋友！"

有你们的我才完整

硕小简

"我是个疯子疯子疯子只爱你的疯子，你是个傻子傻子傻子傻的却好懂事。"

耳机里还在单曲循环着那首《疯人愿》，是证明我们相爱的音乐。

有这样一群孩子，很倔强，爱疯闹，大大咧咧。

我知道，我们都是好孩子，只想要一份简单的快乐。

我始终怀念，那座城，那些爱吵爱闹的孩子。

回忆。那个拥有河东狮吼的暴力姐Yello。明明还是个花季少女，却硬生生把未来女儿的终身幸福托付给我，自己硬生生冠上丈母娘的称谓。她说，女婿若敢不从，定将暴力收场。曾经冲进男厕所的"丈母娘"，想必"女婿"真心不敢惹啊！

回忆。那个安静却自恋成癖的蔡小柒。以每小时看镜子三次的频率，以时刻陶醉在自己歌声里的现状，稳居自恋榜首。不过，小柒容颜淡雅、略带青涩，追过她的男生可以出一本《那些年，追过我的男孩儿》了。这就是资本吧，羡慕不来呀。

回忆。那个喜欢文字，喜欢一个人听歌的淑女蔡小凝。她总是那么努力、那么执着，她和我一样喜欢《哲思》，我喜欢看她生气的样子，让人哭笑不得的。

回忆。那个灿若夏花的蔡小默。内心强大到打扮得像个村姑的时候，还洋洋自得。审美观为零的她还是个微博控，吃饭、爬山、上课，都在看微博。除此之外，她最大的爱好就是和我比身高，而我的身高每一次都被秒杀。

回忆。那个文字有点儿文艺的顾小简，差点晋级为Yello的"女婿"，她总是那样默默无闻地努力，从不张扬。你的关于传媒的梦想，相信有一天会绽放的。

关于这群人的记忆那么多，雨中漫步，有点儿温存，那么快乐。

一起吃午饭，不嘲笑谁的吃相；一路高歌，不介意谁唱的是什么。

每一句关心，每一句问候，温暖彼此那颗疲惫的心。

我们从不在乎所谓的流言蜚语，我们只在乎我们在乎的人。

我们喜欢文字，喜欢微博，喜欢音乐，喜欢旅行，那么自恋也没关系。

还好，我们能够相亲相爱的日子还有二百八十八天，希望我们可以一直相爱，那是最美好的东西。

明年6月，去厦门看海的约定还在。

希望看见你们几个美女穿裙子的样子。那时候，我们赤着脚，在沙滩奔跑，把这一切定格在相机里。

因为有你们，记忆才完整。

亲爱的，那些约定，那些记忆，于我，于你，弥足珍贵。

有你们的我，才完整。

你从未离开

颐 笙

晚自习第一节下课铃声响起时，我便以最快的速度冲向对面的那栋老楼。当我喘着气在高二（7）班门外站定，你抱着最新一期的"小博"一脸哀怨地出现在我面前。"说好的晚读下课来找我呢？""数学老师拖了一节课间，我也没办法。""你知不知道我一个人抱着小博在走廊傻站了十分钟等你啊！"我脑海里瞬间浮现出你独自在晚风中抱着小博，目光由淡定变为迷茫，最后转化为哀怨的样子就好想笑，但是鉴于是我对不起你，于是我便尽力做出内疚而又无辜的表情，然后冲你投以一记没有多大诚意的笑容后，从你手里抽走了最新一期的小博。

我总是定期找你拿小博好像是从高一开始的吧。上高中后，我娘便以影响学习为由不再给我订小博。一开始我每月都到报刊亭报到，你知道后，便把每个月家里新到的小博先拿来给我。等我看完还给你后，你再看。说起来，我的小博瘾还是被你给染上的。

那是在初二，我只记得是一个艳阳天。百无聊赖的我转头问后桌的你有没有好看的杂志，你不由分说从书包里掏出了一本小杂志丢给我，并认真向我介绍说这本杂志还不错，很好看。自此，我就光荣地成了众多博迷中的一员，义无反顾地踏上了看小博的不归路。

今年是我们认识的第五年，时间真快。我已经不记得五年前，还浑身冒傻气的我们是怎么认识的了。当时，我的网名是我邻居给取的。

我们班的一个男生加了我后就开始无限吐槽我的网名是如何如何的土，然后他就自作主张地给我冠以"怂姐"的外号。没多久，我这外号就在班级里传开，我想阻止已经来不及了。就是从那时起，你再也不叫我的名字，天天在我后边"怂姐"长"怂姐"短的。一开始我还会拍桌怒吼着制止，现在倒也慢慢习惯。即使由于你每次见着我都喊"怂姐"，让我的高中小伙伴们了然我还有这个外号，我也欣然接受了。现在的我心里对"怂姐"这个外号已不再排斥，反倒多了几分亲切感。

有一次，你来我家蹭饭。在我爹娘的热情招待下，你悄悄在我旁边轻声说道："怎么有一种我是你男朋友的感觉。"我一边剥着板栗一边淡定回答："嗯，我也有这种感觉。"我想我们是真的太熟了，以至于后来我娘在听到我经常提起你名字时不仅没有了当初的危机感，还跟我打听你的近况如何。顺便告诉你，我娘上次见着你后私下对我说，你比以前帅了。

话说，我深刻体会到男闺蜜的又一用处是在高一下学期。在我委婉拒绝了高二某一学长后，那段时间只要在校园里遇到他，你便故意跟我挨近点儿。在毫不知情的学长对我们行以注目礼后挺直腰板大胆回眸与他对视，直到把他眼里的最后一点儿希望给无情灭掉，然后捂嘴偷笑，嚣张地离开。

前几天去找你，我才发现我现在得抬头跟你说话了。回想我们从初识到现在的相熟相知，脑海中画面不断，这才发觉原来我们已经在彼此生命中走了一段不长不短的路。我们总是把快乐与对方分享，在对方面前口无遮拦；我流泪时还可以借你的肩膀，让你分担我的难过；我还喜欢和你聊我们最爱的动漫，吐槽里面的情节，对着男主流口水。我一直记得你和我说的，闺蜜不言谢。每次和你聊完天，我的心情总是变得很好。

我从不担心你会不在，就像第二天太阳依旧会从东方升起。当金色的光芒铺满大地，总能让人心生温暖。就像你一样。

我们不是恋人，但你对我很重要。你肯定知道，我说的是你。

"有头脑"和"很高兴"

赫 乔

"有头脑"同学

我们的"有头脑"同学是个态度非常严谨的男生，他以学霸姿态横扫各种奖学金，认为自己受到了所有人的尊重，因为他遵守自己的原则。可是我在生活中碰到他就想躲着走，因为要是迎面碰上了，他就会拦住我说："高小赫前天我借给你的U盘你什么时候还给我？"我说："后天下午吧。"他掏出笔记本端端正正地写下后天的日期，然后写"高小赫还U盘。"我刚要抬腿走，他就会接着说："昨天老师上课布置的课后练习，那个网站我用Chrome浏览器打不开，你用的什么浏览器？能打开吗？"我擦擦汗，无奈道："什么课后练习啊，那是电影赏析。""哦，那至少也要把电影台词里的语法分析一下吧。"我扯了一下书包带说："我这还着急上课呢。"他摆摆手，道："那再见，小组作业的讨论提要我先发到你邮箱里，你回去记得看。"

我拔腿就跑，下了课还满脑子都是这些发条一样转来转去的东西多可怕啊。圣诞节的时候我送给他一本语法练习书，他非常高兴地说："高小赫你真了解我，明年就要考级了，我该送你点儿什么好呢？"我想按周围朋友对我的了解一般都是巧克力啊糖葫芦啊这种吃的东西，要不电影票也成。但晚上的时候他跑到我楼下，给我打电话，送礼物来啦。我乐得颠颠儿地下楼，他递过来一个本子说，我知道我们都是实用派，相信它可以为你的生活带来改变。

我一翻开，得，他的历史笔记复印件。

当然了，我也是靠着他的历史笔记拿了那学期的历史分数新高，这是后话，但我老是想，这孩子以后如果到了成家的时候，不得找个和他一样有头脑而且把劲往一处用的积极向上的姑娘么，这样的姑娘也得是数一数二的啊。

"很高兴"姑娘

说到数一数二，我们班那个"很高兴"的姑娘就是"数末"，因为她好像挺愿意做倒数的，反正没见过她因为考砸了不开心的时候。除了考试这种事，还有吃饭吃到苍蝇了就挑出来接着吃，走在马路上手机被偷了，原路返回找不到就算了，然后买了最便宜的手机随时做好被偷的准备。这也就罢了，她一碰到这些事就会到处说然后招来安慰或者嘲笑，她无所谓，反正没有不高兴的时候。

当然了她也挺逗的，老是三分钟热度想要在一些需要艰苦奋斗好多年的事上功成名就。比如说，上学期她跟我说，她想当一个画家，然后她买了三个木头画板，买了油画棒、毛笔、水彩和彩铅碳铅共上百根笔，然后又买了关于素描、油画和水墨画的书，而且在网上下载了相关的视频。这是她在两天之内完成的。接下来的半年多到现在，她那些书还没拆，木头画板正好垫到床下面当床板了，笔什么的压根就没动过，至于视频早就因为内存不够而删光了。再比如说，前一阵她又跟我说，她想当一个民谣歌手。我立刻转过脑袋装作没听到这句话。因为她不管想做什么事情不管做不做得到她都无所谓，也不会不开心，反倒是生活挺有趣的。但是因为折腾来折腾去挂了好多科，考试成了问题。

她在说起这个事情的时候也是一脸无所谓的样子。"没关系啊，毕不了业的话我就去乡村支教，小学水平我还是有的吧，再不然我可以教他们唱歌啊，那个时候我已经是一个民谣歌手了。"她托起腮帮子一脸天真无邪。

这可怎么办啊。

有一天我们讨论未来，我说她在四十多岁的时候估计也是不消停地做着各种有意思或者没意思的事情，但是绝不会不开心。老实说我觉得她可能没什么大的爱好，所有的事都是一时兴起。比起没有大的爱好的人，我觉得"有头脑"也没什么爱好，他的精力哪能用到这些事情上。

奇妙的组合

"有头脑"和"很高兴"跟我的关系就是，一个是英语课上的小组搭档，一个是跟我同宿舍的姐妹。他们俩的认识就是在有一天我觉得我有必要请"有头脑"吃顿饭来感谢他对我笔记整理和职业规划上的帮助之恩，但是我又觉得吃个饭要是就我们两个人，如果吃不了就太浪费了，而"很高兴"这姑娘和我一样是个吃货。

所以那一天，我们这个奇怪的组合坐在学校附近一家冷清的菜馆里，菜很难吃，"有头脑"吃得很谨慎，"很高兴"吃得很开心。"有头脑"和我说，吃完海鲜之后不要吃维生素C，否则会中毒至死，然后我们眼睁睁地看着"很高兴"一口蛤蜊一口桃罐头吃得格外欢实。"有头脑"按住了"很高兴"的筷子，告诉她桃罐头含维生素C比较多，不要这么吃了。"很高兴"很听话地换了组合，突然想起来什么似的侧头跟"有头脑"一笑，一口东北腔"谢谢啊。"

我虽然在场，但是完全没有掌握到要点，因为那之后他们两个人越走越近，上个月收到了短信通知，"有头脑"发给我的，大意是他们俩在一起了，让我多照顾"很高兴"。

不用这么正式吧。

"很高兴"就很自然地跟我说："媒婆，帮我把晾在阳台上的袜子收了。"

我实在是很难想明白这两个人是怎么走到一起的，但是事实胜于雄辩，更大的事实竟然是他们铁打不动的性格竟然变了样。最近"很高兴"姑娘一甩包出门，其实是和"有头脑"一起去咖啡店学习，顺便聊天玩桌游。"有头脑"玩桌游一定是次次第一啊那多没劲，"很高兴"说不是的，基本上都是她赢了，然后"有头脑"被她罚出去买泡芙回来吃。我没办法想象"很高兴"姑娘是怎么学习的，但是我看到有一天上课我有个东西没记住问了另一个女生，"很高兴"竟然学会抢答了，她还把笔记本拿出来给我看，精准缜密不亚于"有头脑"啊。

青出于蓝胜于蓝，前浪被拍死在沙滩上啊。我拍拍她的肩，感到任重而道远。

"有头脑"变得有意思多了，他带"很高兴"出去看电影，回来跟我谈王家卫的风格还头头是道的；经常弄不清女生的心思，时不时地还得我帮忙。而"很高兴"好像也靠谱多了，她买了吉他现在已经能弹一小段了，虽然是天津快板的调。她做题做不出来居然会哭了，尽管哭了就会吃我的巧克力，然后就好了。

"有头脑"有的时候也会没头脑了，而"很高兴"也会不高兴了，不过我是越来越喜欢他们俩了。

时间把你变成岛

花 茶

我有很多真正意义上的姐妹，桑是其中特别的一个，不是因为她人特别，而是我们的关系特别。

桑是个大大咧咧的女孩子，声音很大，足够吓到你。她和我在一起的时候就会稍加控制，因为对她来说，我是个比较温和的女生，不适合大声跟我说话。我们曾经是同宿舍并且睡在同一个床上，从夏天到冬天再到夏天。

她会和很多人开着并无恶意的玩笑，然后和她们追着、打着、闹着，最后躲在我的身后，委屈地跟我说："雪，她们欺负我。"我都是微微一笑，偶尔说一句："不许你欺负我们家桑。"

她听到这句话就很得意地朝和她打闹的同学做鬼脸，得意的样子就像个长不大的小孩子。

在我们单独相处的时候，她就不会那么闹了，她会跟我讲她的心事，我很认真地听，以至于后来她在我的留言册上说，这让她很感动。

我听过她跟很多人说她很脆弱，外加星座书上的证据。能说自己脆弱的人事实上并不脆弱，可是从某种意义上讲，这才是真正的脆弱。一直明白这一点，所以尽可能地对她好，关心她，爱护她。

如果过去的记忆能像电影一样倒带，桑和我都会哭吧。之所以如此笃定，是因为我是一个自小在温暖和层层包围中长大的孩子，对一般的温暖都不为所动，却在和桑的相处中看见了那份温暖的情谊。

相识的第一个夏天，我们的关系是建立在礼貌基础上的，正常情况下，这种关系持续的时间不会长，转眼已入冬，一个我热爱却又万分害怕的季节，她注意到我提前冰冷的手脚，有时竟会夜半起来给我掖好被角。我是个敏感的人，没有完全接受一个人做朋友之前很害怕别人的肢体接触，所以我常常在她给我盖被子的时候醒来，却不睁眼不说话，装作不知道。

再冷一点儿的时候，她干脆用手脚贴着我的手脚睡，我渐渐瓦解了那堵心墙开始接纳桑，不再对她敏感。有些时候，我会把手搭在她的手臂上睡觉，像半个拥抱。

她守护了我整整一个冬天。

夏至又至，我们还可以在一起的日子就像快要结束的保质期一样，一天天地跑掉，也许我们心里都清楚，所以更加努力地想要为对方多做一点儿。桑背上长了痘痘，我决定每天睡觉前用海绵加少量酒精给她擦拭，这份温柔和细心桑都清楚。每天在卫生间擦的时候，我们会讲一些再平常不过的话，橘黄的灯光下，两张稚气的脸会让那个夏夜变得深刻。回床铺去睡觉的时候，全宿舍早已入睡，所以我们蹑手蹑脚，所以莫名生趣。她牵着夜盲的我，一步一步。

回到床上，我们还要用耳机听一首轻音乐，我们俩并排打坐，我们永远都是宿舍里最晚休息的五床下。

女孩子天生就和美丽有关，为了让手指变得纤细，我买了二十枚戒指，睡觉前和桑两个人庄严地为对方戴上，你一定想到了，我们肯定说过这样的话，"亲爱的某某某，你愿意嫁给我吗""对啊"然后美滋滋地睡去。后来我将其中的十枚送给了桑，十指连心。

分开得久了，突然就想起桑来了。桑，你看到这篇文章肯定是要哭的，因为你是桑。

不联系，不忘记。

我是一只，神一样的高等动物

　　我经常号称自己胆大心细，实践证明，我是一个：坐海盗船会哭，闻到臭豆腐味道会吐，进鬼屋会逃，看见小强会喊爹，自己走夜路会边叫边跑的胆小心细弱女子一枚。以及我的口头禅：孩子，陪我逃课吧，就说去校医室了！虽经我屡次辩解我是有那个贼胆没错但我没有那个贼心啊！她们还是一致地认为，你就不是地球人就对了……

　　若你问我承认与否，我会这么跟你说："其实我不是人类，我是一只，神一样的高等动物……"

妈妈，请听我的心里话

香蕉冰

虽然从懂事儿开始我们家的每一个人就各自分散在世界上不同的角落，但一年一次的暑假相聚让我那么满足和快乐。购物、逛街、串门儿每一年都在枯燥循环，但只因为你们在我身旁才会让这简单的事情不再平凡。

从什么时候开始我那爱笑的眼睛常常泪水决堤？是因为爸爸永远地离开，还是因为哥哥辍学，或是妈妈你直言因对哥哥的失望而对我绝望？我不知道。可是妈妈你知道吗，你只因为哥哥的原因断然否定我的努力，是多么不公平啊！你知道我是怎么从中下水平奔向前列的吗？连我自己都很难相信我能靠意志学习到深夜，听到别人的打鼾声却不敢入眠，只是为了你的眼眸不再黯淡，不再对我和哥哥感到失望，可是妈妈，这些你都不知道。

从什么时候开始我们再也没有一起度过暑假？相聚的时间少之又少，你偶尔拨来的电话也少了温暖，平添了冷淡和无语。是年龄的增长导致了这样的结果吗？也许我们都不能回答。那么害怕孤单和黑夜的我，在黑暗中哭泣却无人安慰，独自一人度过漫漫夏日也无人问候。原来，妈妈，我们已经相距那么遥远。

从什么时候开始妈妈你会拒绝我做学习以外的事？我不能再像从前一样借同学的漫画书看，我不能在课上偷偷小憩一会儿，这些爱好我都能放弃，可是妈妈，连学校布置的社会实践我都不能去做吗？这些并非与学习无关啊！让我多一点儿社会常识和经验不是更好吗？是因为哥哥让你感到害怕，还是封建思想把你束缚得太牢固？我知道你是想让我过得更好，可是妈妈，这真的是为我好吗？

从什么时候开始妈妈对那么爱着的儿子冷眼以对？暑假聚在一起吃饭，我特意穿得那么漂亮来迎接这个难得的时刻，突然间你泪水滑落，便引发了一场无休止的争吵。你难以接受哥哥所谓的理想，并坚持认为学习是唯一的出路。我傻傻地在旁边流泪，却还要不顾一切地往嘴里扒饭。原来在争吵面前，弱小的我始终帮不上什么忙。只是第一次看到哥哥和你都哭了，顿时觉得末日已在眼前。我不记得我是如何度过你们冷战的这一年，因为你们不再顾及我。我始终记得哥哥问我："妹妹，你恨我吗？"我说："不恨，因为你是我哥哥。"可是心底却在埋怨妈妈为什么把我带到世上。原谅我那么自私，我只是不想让自己、让你们难过，连眼泪都不知道是怎样的痛，因为我笑不起来了，我太累了。可是妈妈，你这样做难道自己不累吗？

妈妈，我有好多心里话想对你说，可是我太害怕你那失望的眼神。所以妈妈，为了你，我只能把心里话深埋心底。妈妈，我不在乎你能赞扬我的成绩，我不介意你是否能在我需要时准时出现。可是妈妈，我希望你能快乐。我爱你，这也是我的心里话。

127

谢谢你，旧伤事

赵宇婕

当年伤事压在心头，惶惶地向上攀缘，向蓝天求助心安。当第一缕阳光迎面而来，蓦然回首，旧伤事已悄然开成了一朵奇葩！

我站在主席台上，对着台下的人影找寻。虽终未能再相逢，但我知道，此刻，我已华丽地开出了第一朵花——从一个羞涩封闭的女孩儿蜕变成美丽的白雪公主。

曾经，母亲告诉我，小学时的那个班主任差点儿没说我"烂泥巴扶不上墙"。听到这话，我没有半点儿惊讶，心却像被掏空了似的，从前的不光彩历历在目，似乎是彻头彻尾的失败。

永远不会忘记，在一个星期内第四次来到办公室。看着进进出出的同学无一不是忙碌的。有的忙着抱作业，有的笑着被表扬，独有我，格格不入地站在墙角，不知道该做些什么。作为唯一一个罚站群体中的女生，很"荣幸"地聆听着办公室里众位老师的评论。

永远不会忘记，那个女孩儿，骗了我的钱反而强拉着我，冒着大雨让我绕很大的弯送她回家。她驱走了我所有的朋友，然后留我独享本该属于她的来自众人的指责。我竟然百口莫辩，真是笨到可以了！

上中学后，我怕说出过往，难堪的、愚笨的、受伤的往事，是我心底的伤。

我告诉自己要去改变！也许变优秀了，就会忘记从前那个被老师点名回答问题就惊慌失措、呆若木鸡的女孩儿；也许变优秀了，就会抹掉那句"烂泥巴扶不上墙"的评价；也许……

我被掩埋在旧伤事的废墟中，周身一片漆黑，不安地努力地向上攀缘，拼命想看到哪怕一丝一毫令人心安的光明。

终于，我的成绩在缓缓上升。期末考试结束，满心欢喜地看着年级名次表，手指自上而下滑动着。突然，停在了一个熟悉的名字上。是她，那个欺辱过我又让我饱尝孤独的女孩儿，成绩居然凌驾我之上，带着惊愕返回教室。教室内的黑板上，刚刚统计出来的三好学生名单，我的名字排在后位……

我沉默了，呆呆地回家。原来我还是不够好。梦想的蓝天，是不是很高？是不是还会有人去嘲笑我？

一个假期过去了。一个假期，我都在想着她的成绩；一个假期，我都在想着怎样抹去过往。我决定了，不做优秀，做最好！

我继续努力向上攀缘。手指破了，衣服脏了，无所谓，心中对光明的渴望一点点增强。终于，我做到了：学习成绩攀爬到顶端，荣获市级"三好学生"称号，作文多次发表。我携着努力拼搏换来的自信，鼓起勇气问旧时恨之入骨的那个人："我，从前怎么样？"

"嗯，挺好，挺有才，挺文静……"听着这样的评价，突然感觉自己的可笑。

只顾忙于攀缘，我竟然不知道她就在我的隔壁，同一个英语老师，同为英语课代表。送作业时，她说："你进步挺快啊！"我笑答："你还不是很优秀！"是发自内心的笑。不知道为什么，自认为最恨的人，早已在不知不觉间将恨意淡化。

老师说，艺术节让我当主持人。我心中窃喜，听说以前就读的学校领导会来观看，不知道旧时的班主任会不会来。我只想用行动告诉她，我不是烂泥巴，我不上墙，是因为我的目标是蓝天……

镇定地站在主席台上，始终没有看到她的身影。突然，掌声四起。我想已无须证明，因为，我终于明白并感谢，是沉积在心底的旧伤事，把我鞭策到阳光下，绽放成一朵美丽的花。

谢谢你，旧伤事！

我是一只，神一样的高等动物

左 夏

如此生活，怎能低调

最近落了个"采花大盗"的雅名，在班里叫得忒响亮。

你看我如此这般一个有文化、有素质、有修养、有内涵、有气质……（此处省略N个褒义词）的新时代三好学生，还是一名女生，哪里和这四个字沾得上边呢？你说是不？（群众：是！）可是，他们怎么就给我套上这么一个让我欲哭无泪的绰号呢，愤懑中……

缘由是……

某天我路经学校的植物园，正好瞅见园里各种各样风姿妖娆的花开得异常动人，我就不经意地一瞟再不经意地伸出万恶的辣手咔嚓几声摘下了几朵最为清新动人的花儿（好吧，我罪恶了，我蹲角落忏悔去……），然后不经意地手持"罪证"毫不自知地招摇过市，引来同学甲乙丙的纷纷侧目还兀自嘀瑟地晃悠到了教室里，很不低调地把一小捆花花草草插在原本用来喝水的迷你杯子里，再倒上些许清水，摆窗边整个就是一道亮丽的风景线！这不是插花艺术是什么？！灰白单调的教室里不可多得的绝美艺术品！正当我对着自己的"犯罪成果"（更正一下，是艺术成果……）啧啧称奇自我陶醉的时候，身边的空气诡异地变冷，冻得我一个劲儿地哆嗦，我缓缓地转过头，只见一双双炯炯有神的熊猫眼义愤填膺地怒视着我。如果目光可以杀死人的话，我想我已经尸沉黄浦江了……伟大的哲学家苏格拉底曾说过，暴风雨来临前总是平静安详啥事没有的。我识时务地耷拉着头，准备迎接狂风骤雨的冲刷……果不其然，沉寂了几秒后——

"你怎么可以这样，这些花草多可怜啊，你怎么可以摘花呢！"（我错了！）

"你这是破坏校园生态，校规第八条第三款明确写着罚款五元！"（你知道的太多了……来人，拖出去枪毙……）

"采花大盗！"（不知谁带头来了这么一句）

接着，全班（是的，的确是全班，我哭死……）无比整齐地大声嚷嚷采花大盗……

于是乎，"采花大盗"这一不甚优雅的标签就顽固地贴在我这柔弱小女子的身上了……

其实你看到标题的时候就该知道，我这种神级动物，通常都是犯二不止一点点……若这世间有一个门派叫"大二无疆"，我应该被尊称为"二派掌门"。

某天，数学课刚讲完新课，还剩十五分钟才下课，老师让大家做练习。

我相当光明正大且毫不怯场地把毛线和织棒搬上了课桌，相当从容、相当贤惠、相当家居地织起了围巾。

老师下来巡查，看到我如此举动，那惊讶的程度丝毫不亚于当年哥伦布发现新大陆……那表情、姿势和神态，真是让我叹为观止——他把嘴巴张成了O型，眼睛瞪得老圆，双手做叉腰状，整个人定格在一个诡异的点上，模样像极了卓别林的经典造型……滑稽的小流浪者。几秒的冰冻后，生气地说道："你怎么把围巾都弄到课堂上来织了！回家再织吧，现在得学习。"其实就在发现他看到我的猖狂之举后，我早就以迅雷不及掩耳的速度，在一秒的时间内把家伙收了，换成数学练习册并作沉思状……话又说回来，我亲爱的数学老师一个转身跟我说了一句让我至今想起来仍想喷血的话："这毛线颜色不错啊，哪儿买的？"真的晕了……

生活远比搞笑剧更重口味

我爹说我打小就不是盏省油的灯，这话我承认，因为我是个事儿精这一事实是经过我历任同桌的一致鉴定的。

其实女生很多时候都会遇到这种尴尬，课上到一半，突然很想上厕所，有的是因为每月例行的好事提前来了，有的则是纯粹的很想上厕所。但不巧的是那节课上语文，而我们语文老师是个喜欢对学生嘘寒问暖的中年男性。这还是次要的，要紧的是他人生最大的爱好就是拖堂，几乎是逢课必拖到人神共愤的地步，叫我这急着上厕所的娃儿情何以堪！怎么办呢，公然举手说去上厕所吗？全班几十只亮闪闪的眼睛都盯着你一个女生上厕所去，多尴尬啊，不行……于是我用万般哀怨又虚弱的目光凝视着我亲爱的同桌："走，陪我上厕所去！就说是陪我上校医室了。"我同桌那叫一个绝情，居然握着笔杆继续奋笔疾书，不知是不为所动呢还是想让我自生自灭，反正结果都一个，她要我一人去，而且要我哀号一声："老师，我想上厕所！"直接秒杀全班的昏昏欲睡。好吧，书到用时方恨少，人到急处勇顿生，我一个慷慨激昂站起身来，含恨凝望我那无情绝义的同桌一会儿，然后一步一踉跄地艰难"跋涉"到讲台边，老师讶异地看着我，等待我的下文，全班屏息抬头，一个个饶有兴趣地看着我的"绝招"亮相……

我深吸一口气，大吼一声老师你再敢拖堂我灭了你，还不快放生！？当然不是，事实是——我脸色苍白形容憔悴地（演的）扶着讲台边缘，用半死不活的游魂似的声音低低地乞求："老师，我头痛，可以去一下校医室吗？"说完还下意识地轻咬了一下嘴唇，扶着自己稍显菜色的额头，使得自己看起来更加像一个病号。这招果然奏效了，他急急地说，那你快去别耽搁了用不用找同学陪你去啊？体委呢？我忙说不用不用我一个人没事的。（体育委员是个男的啊，不能让他带我上女厕所去吧？！我的天。）于是乎，我便在众人关怀备至、庞杂繁复的层层目光注视下，踩着小碎步缓缓漂移，直至消失在楼梯拐角处，再用百米冲刺的劲儿毅然奔向女厕所！

可是上完厕所后我就纠结了，出逃时说的是去校医室了，校医室可是在B栋一楼啊，咱教室可是在C栋四楼啊，这俩地儿就你一个"病号"光来回就得十五分钟吧，何况您老还得在那吃点儿感冒药休息一会儿什么的……你这还没五分钟呢就这么神清气爽满面春风地回教室去，这不华丽丽地露馅了吗？搞不好还得去老师办公室"喝茶"啊……怎么办呢……最后得出结论：晚点儿回去不就结了。嘿，这多简单，躲厕所里听几首歌再回去不就完美了！（我是天才，我一定是天才，我一定必定以及肯定是一个世所罕见的天才！请别阻止我骄傲，你得谅解一下我的思维是火星来的……）

话说等我挪回教室的时候，我一句"报告"正好打断老师的滔滔不绝口若悬河，他一个不留神"啪"的一声黑板擦掉地上了。我暗自好笑却极力忍着，要时刻默念，我是病号，我是虚弱的无精打采的病号，嗯，催眠完毕。抬头对上老师错愕关切的探询目光，我兀自向我的座位漂移。老师问："好点儿了没有？医生怎么说？我看你脸色不大好，确定没大碍吗？用不用打电话通知家长？继续待在学校没问题吗？"真的很像唐僧有没有，重点是一连串话直接抛出来都很无敌有没有！好吧，其实我蛮感动的，这是真的。我微微点了一下头，转过身无声地大笑，乐得身体都在打战，结果老师误以为我是在发抖，死活让我不要逞强，请假回家。我还能说什么呢，真的没想到这么简单一个问题居然得打电话通知家长带我回家休息……遇上这么一个尽职的老师，到底是福还是祸，这是个问题。

闺蜜说我根本不是地球人

闺蜜特别强调，关于我是异次元生物的证据，还远不止以上我自个儿罗列的种种犯二事迹……

比如，体育课上，在全班奋力绕着操场跑八百米的时候，我跟在队伍的最后面，趁老师没留神偷偷从跑道中间的草地上横跨到对面的跑道，然后被体育委员逮个正着，他边跑边嚷嚷："×××，你犯规我告诉老师去！"那叫一个震惊！结果，嘿嘿，你知道的啦，我依靠自己的小聪明破了八百米长跑的校史纪录，相当厚脸皮地成为遥遥领先的第一名。（好吧，这是平时训练，不计入期末总成绩，仰天长啸泪长流啊……）

再比如，我对老鼠这一类反应机敏、逃窜奇快、屡见不鲜的居家型生物是非常淡定的，曾有一次我很认真地做着化学题，头上挂窗帘的铁丝上相当惊人地突现一只表演走钢丝这一玩命绝活的小老鼠。我抬头瞄了那家伙一眼，心想你迟早得摔下来，然后继续算我的物质摩尔质量，我一直都相信我是有预知能力的。果不其然，没过五秒那可怜的小家伙就华丽丽地摔在我的元素周期表上。我哇地尖叫一声，本能地甩了一下课本（我承认，先前的淡定都是假象……），原谅我眯着近视眼找不着那小家伙到底被我摔哪儿去了！（阿弥陀佛，罪过罪过……）我上找下寻左瞄右瞄愣是没见着，只道一句可能被它逃了吧……后来，我在书桌最底下的角落里突见那天被我一个"乾坤大挪移"弄得半死不活而今尚且奄奄一息的小老鼠。我犹豫了两秒后，纠结着良心不安地拿起扫帚把它扫进了垃圾桶。

再比如，我经常号称自己胆大心细，实践证明，我是一个：坐海盗船会哭，闻到臭豆腐味道会吐，进鬼屋会逃，看见小强会喊爹，自己走夜路会边叫边跑的胆小心细弱女子一枚。以及我的口头禅：孩子，陪我逃课吧，就说去校医室了！虽经我屡次辩解我是有那个贼胆没错，但我没有那个贼心啊！她们还是一致地认为，你不是地球人就对了……

若你问我承认与否，我会这么跟你说："其实我不是人类，我是一只，神一样的高等动物……"

我是一只，神一样的高等动物

跑操那些事儿

小太爷

俺们学校不知道打哪儿学来那么一套跑操方式——人和人之间只隔一个拳头的距离，整个班级六十多人，愣是能站到一个大方格里。

见过我们跑步的，都会这样感叹："啊！"没见过我们跑步的，就会这么说："啊？"而看见了我们摔得有多惨烈的，就只剩下一句："啊——"

摔的理由可谓是多种多样：前排同学迈错步了啊，后排同学踩到鞋了啊，体委口号喊错了啊（这个最可气）——再有就是自身的问题了。

我一个同学前边的姑娘天生就慢半拍，把我同学踩得那叫一个龇牙咧嘴。有道是"跑错不可怕，可怕的是奇葩"。那姑娘偏偏是奇葩一朵："哎哟喂，对于你这种自觉自动把你脚送到我脚底下的行为，我十分鄙视。"于是乎老师就把她调到了我同学后边，紧接着……就是一次又一次地跌倒与爬起！最后的最后，我遇见了摔得筋疲力尽的某人："我现在算知道在哪儿跌倒就在哪儿趴着的真谛了，忒爽！"

在下内存很小的记忆库里存着三次本班群摔的记录。第一次太久远了忘记了。第二次可谓十分壮观，以下是来自本寝寝室长的描述——

犹记得那是一个万里无云的冬日，天是那样的蓝，云是那样的……我呸，刚说完没云。跑着跑着只听得一声疾呼，"哎哟我了个天啊！"

女生甲跌倒在了地上。跑在她后面的男生乙眼疾腿快，一个大跳就跳到了该女生前面——紧接着他就趴那儿了。男生丙跑在另一头，本不该受牵连，只不过他前面的同学朝了左跑，后面的同学向了右奔，他两只可怜的小脚被别到了两个方向。据该男生回忆："我呀，本来我呀，我应该是四仰八叉地倒在前面的，但咱是谁啊，一下就跑到旁边去了。虽然手破皮了，但好在没对后面的同学造成太大的影响。"（旁白：他后边的人也都一个接一个地摔了）。

本寝寝室长是个"硬汉子"，冒着严寒与风雪依旧跑着，她心里就一个想法：有我在，我们班级的队伍就没散！可是跑着跑着她发现，咦，好像不对劲儿啊！低头一看：哇，这是我的鞋，哇，这是我的脚，哇，我的鞋底子呢？彼时男生丙正趴在地上欣赏风景，想爬起来的时候忽然发现手里握着一个硬硬的东西。"嗯？鞋底子？"他深情一望鞋底子，"算了，这是上帝让我趴着呀。"然后，就没有然后了。

至于第三次群摔，在下就是亲历者了。

在下前面的小蘑菇同学忽然一脚腾空，马失前蹄，摔了下去。在下旁边的姑娘反应很快，往边儿上"咔"就闪了一下，而在下则是趁着那个空钻了出去。来如雷霆收震怒啊，后面的景象之惨我就不形容了。据被压在最底下的蘑菇说："我当时就差那么一点儿，就被压过去了！二十几个人啊！"

更值得一表的就是各个班级的口号与体委。各班秉承"吹牛不上税"的原则，有多大就吹多大，喊得那叫一个振奋人心。"清华北大，不在话下！"这本来是我们班的口号备选之一，但由于我们班的风格就是内敛含蓄，所以换成了"五班最强"……

某班体委拎着破锣嗓子喊自己班班名，每次我们跑过他们班的时候都会模仿着他班委的口气，集体喊上一通；某班体委跑步像跳舞，他的调子是这样的"呀二呀，呀二呀"；某班的女体委气势磅礴，我们看得那叫一个风中凌乱……

因为跑操，我们爱上了考试——考试就不用跑操了；因为跑操，我们爱上了清雪——清雪就不用跑操了；因为跑操，我们爱上了自己前后左右的邻居——他们可是救你于危难之中的人啊！

把心交给我，把命交给我吧，只要你信我，咱俩都好过。

此乃跑操之真谛也。

更大的世界

　　能做自己喜欢的事情，本身就挺幸福的，何必有那么多功利的念想呢？一开始就清楚地知道，许多人都不能取得成功，然后埋头努力，成功了，是福气；没有成功，也要欣然接受着生活的平淡，这样才会幸福。

　　旅途中能遇见特别的人，是一种福气，他们就像一个个代课老师，出现的时间也许很少，但他教会你的东西，却可能受用一生，让你在更大的世界里，做着更好的自己。

更大的世界

亚小诗

北岛在《青灯》里写道："一个人行走的范围，就是他的世界。"这或许可以用来解释那么多人热爱旅行的原因吧，因为，我们都希望自己的世界能大一些，能从这个更大的世界里感受到更多的爱和智慧，旅行不是逃避生活，而是让人有更多的勇气和期待去面对生活。

在上一个暑假，我长途旅行了一整个月，这是我出门最久，走得最远的一次了，途径青海、西藏、云南……回到家的时候，简直都适应不了天天睡自己床的稳定生活了。

母亲不喜欢我到处走，觉得女孩子就应该乖乖待在家里，看看书，做做家务，我却偏偏不听她的，一放长假就脚发痒地要出门。她说，你要出去玩也可以，但我不会为你的旅行提供一分钱路费。这也成了她一贯的态度，她以此来切断我出门的经济源头。我呢，也算是跟她怄气，你不让我出门我偏要出门，你不给路费我就自己挣路费。暑假旅行的钱全是平日里写稿子积攒的稿费，俗语说读万卷书，行万里路，放在我这，得写十万字才能行万里路。或许我该谢谢妈妈，她要是一开始就甩一沓钱给我让我出去玩，我绝对不会这么努力地写作。

旅途中，我遇见了许多有故事、有味道的人，从他们身上，我领悟到很多书本上学不来的东西，看到了更大的世界。

什么时候都不会太晚

在尼泊尔的热带雨林城市奇特旺的一家旅店里，一个同是游客的外国姑娘讲八卦似地告诉我："那几个老头好像是聋哑人。"我顺着她的目光看去，前台处，有四个老人在跟服务员比画着，似乎有些吃力。

我走了过去，想看看自己能帮些什么。只见为首的老人在一张白纸上画着简笔画，图上有两个房子，每个房子有两张床，他比画一下自己这边有四个人，又在纸上比画一下房间，要表达的是他们要两个双人间。服务员也明白了他们的意思，成功办理了入住手续，给了房卡。我在旁边愣愣看着，没帮上什么忙。我特别好奇，天啊，这几位老先生，他们不仅年纪大，不会英文，还是聋哑人，这样都敢跑到国外来旅行，太厉害了吧！

我目送着他们上楼，心里的疑问促使着我必须去认识他们。说来也巧，吃完晚饭，我坐在阳台的长椅上乘凉的时候，发现其中一个聋哑老爷爷正靠在旁边的桌子上写类似日记的东西，我很厚脸皮地坐近了一点儿，想瞄一瞄他写了啥，结果被他发现了。他没有生气，只是慢慢合上本子，朝我慈祥地笑了笑，然后拿出随身的便利本，写了一句话递过来："你也是中国人吗？"

我接过本子，写上："是的，我好佩服你们。"

然后，我和老爷爷就像面对一个纸质版的QQ聊天对话框似的无障碍文字交流起来。从交流中我得知，他们都是退休人员，四个人是很好的朋友，对英语一窍不通，都是聋哑人，他们想趁着腿脚还算灵便出远门走走，于是选择了尼泊尔这个临近又消费不那么高昂的国家。他们是一路玩过来的，去了没通公路的墨脱，甚至攀登了珠峰，他写到这一句的时候，还骄傲地掏出相机给我看他们在珠峰上的合照，笑得可真灿烂。

在第二天的游玩中，我又偶然在一个象园遇见他们。象园有一个互动项目，是游客坐在大象的背上，跟大象一起玩水，大象会把水吸到鼻子里，然后喷到背上的乘客身上，很刺激好玩的样子。我怕水，也怕脏，没有去玩。想不到的是，四位聋哑老爷爷中，居然有两个人去玩了这个刺激项目，一身打得全湿，还乐呵地比画着让岸上的老爷爷帮忙照相，那一刻我觉得他们和健全老人没有任何区别，甚至比他们更健康，更年轻，特别可爱。

临走的时候，他们拉着我一起合了影，我站在他们正中间，甚至有些羞愧。我想到自己初中的时候曾很想学舞蹈，高中的时候曾很想学游泳，最后都因为自己年龄有些大，身体不再柔韧，不好意思当一名大龄的初学者而放弃。可他们，都退休了，都应该在家散散步、晒晒太阳，可因为心中有梦，还是会像年轻人一样，不顾家人反对，不顾异样目光出门。聋哑又怎样，不会英文又怎样，只管去做就是了，什么时候都不会太晚。

是给自己看的

在尼泊尔一个超美的城市博卡拉，我遇见了一位高高胖胖的摄影师，他叫大熊，一个人出来的，偶然的机会跟我和同伴搭伴一起玩了几天。他照片拍得很好，我在他那学到很多，倒不是学到摄影技术，而是一些生活的态度和对兴趣的培养。

大熊看起来真的一点儿也不像个摄影师，我们这种普通人出趟远门尚且背个专业的单反相机，而他就一个小背包。我问他："你的大家伙呢？你的三脚架呢？你的闪光灯呢？你一堆的镜头呢？这个小包包能装啥？"他不急不慢地拉开小背包拉链，再打开一个夹层，慢悠悠掏出一个入门级的单反相机。"喏，这就是我的装备。"

我额头三根黑线："你是拍交通违章的交警吧？这个小东西能拍出大片吗？"他笑了笑，"片好不好，跟相机关系不大，心情好就行。"颇有隐士高人的感觉，让我摸不到头脑。

吃午饭的时候，我迫不及待抢来大熊的相机，一张张翻看起来。传神的人物、异域的街景，还有一两张抓拍的我的照片。"哇，真的感觉不错，你用入门机器也能拍这么好。你回去再给我后期一下吧，然后发给我！"

他却拒绝："不工作的时候，我都不爱后期，照片很真诚，后期太会撒谎，如果活在几十年前，只有拍照，没有后期，那时候的摄影师才是真正意义的摄影师，活得很纯粹，现在的摄影师太辛苦了。知道我为什么这么胖吗？经常一修片就是一个通宵，饿了我就吃高热量食物，喝碳酸饮料。我上大学的时候的身材挺匀称的，一百二三十斤，那时候小伙儿还挺帅。"

"哈哈，那是挺让人羡慕的身材，哎，你哪个学校毕业的啊？"

"哦，北京电影学院。"

"哇，你电影学院的啊？"大熊的形象在我心目中瞬间高大了不少，不仅因为学校，还因为他的不张扬。名校生我认识不少，大部分都有一个共同点，那就是，他们几乎都会在第一次见面的时候有意无意地强调自己的学校，因为在这种学校上学是一件很有面子的事情。而大熊不一样，我挺喜欢这一点。"既然是专业出身，你为什么出国旅行不带点儿好设备？那样不是能拍出更好的照片吗？"

"工作归工作，生活归生活。"

"你不喜欢你的工作吗？"

"喜欢啊，喜欢到疯狂，可正是因为喜欢，才要保持好一个度。我工作时拍的照片要给客户，可自己旅行时候的照片，只要自己惬意就行。入门机器有什么不好，轻便随意，画质和像素都不是问题，重要的是感觉。记住，照片是给自己看的，不是给别人看的。"

重要的是感觉，照片是给自己看的，这两句话，我咀嚼了很久，到现在依然觉得意味深长。连吃个饭都得先自拍，然后拍菜品，然后美图很久再发社交网络的女生，我真的见过太多，照片到底是拍给谁看的呢？难道真的只是拍给别人看的吗？我想大熊说的对，是给自己看的。

许多事情，在做之前不妨好好想想，如果不是自己喜欢做，单纯为了做给别人看，或许可以干脆不要去做，活着本身，也是给自己看的。

许多人都不会红的

丽江是返程的最后一站了，说实话，出门接近一个月了，身心已经疲倦，加上丽江本身已经过度商业化，在丽江的那两天，我过得比较平淡，唯独因为一个不起眼酒吧里的小歌手，让我觉得丽江有了它的独特韵味。

还记得那个已经八月底的非周末，暑假旅游的大军已经散去，周末放松的职工也没有靠近，丽江有点儿空荡荡。下午的时候，我漫无目的地走着，因为一块脉络奇特的青石板而停住脚步，一抬头，石板旁的店面里有一个人在朝我笑。他说："它天生长这样，不是雕刻的。""哦，这样。"我有些尴尬，正要走的时候，他说："晚上八点过来听我唱歌吧。"我这才反应过来，这是一家小酒吧，很秀气很安静的感觉，我答应了。

本想着自己是随口答应的，可八点时我还是准时赴了约，我不爱撒谎，哪怕是对陌生人。酒吧生意冷淡，加上我这桌，只有三桌客人，他唱了几首歌，是当时比较火的《南方姑娘》《董小姐》那种，唱得还不错，但并不惊艳，毕竟，这个世界上唱歌好的人太多了。

换别人唱的时候，他下台，坐到我旁边来跟我聊天。

我问他："你喜欢这个工作吗？"

他毫不犹豫地说："喜欢。"

"你有想过去参赛吗？选秀之类的，那样会比较容易出名呢。"

"有参加过，但没结果。唱歌好的人很多，许多人都不会红的，我喜欢唱歌，我在唱，这样我就挺开心的。"后来我们还聊了一些，直到再次换他唱歌，他才离开。聊的内容比较零散，至今我只记得这一句。

是啊，许多人都不会红的，只是我们都不愿意承认这一点，如果一开始就觉得自己注定与众不同，那会活得很累吧。能做自己喜欢的事情，本身就挺幸福的，何必有那么多功利的念想呢？一开始就清楚地知道，许多人都不能取得成功，然后埋头努力，成功了，是福气；没有成功，也要欣然接受着生活的平淡，这样才会幸福。

　　旅途中能遇见特别的人，是一种福气，他们就像一个个代课老师，出现的时间也许很少，但他教会你的东西，却可能受用一生，让你在更大的世界里，做着更好的自己。

更大的世界

星　空

夕里雪

午后阳光正好，透过干冷的空气将暖意轻轻地敷在面颊上。雾霾在风的推动下散去，北京终于露出了它姣好洁净的容颜。

而我，也终于得以有机会去拜访京城有名的文艺青年朝圣地：798艺术区。

喜欢去798游览的人无非两种：艺术青年和伪文艺青年。带有浓郁历史气息的包豪斯建筑以及风格迥异的墙面涂鸦，在艺术青年眼中是美学的盛宴，而在伪文艺青年眼中则是自拍的天堂。其实仔细观察就不难发现两者之间的区别：前者喜欢拿着大块头的单反对着某个毫不起眼的破雕塑狂按快门，而后者则拿微单、卡片机、手机甚至平板电脑——只要是可以拍照片的设备——对准自己的脸。

我一直很希望自己是前者，但是很不幸的就是事实上，我属于后者。

所以，当我强行拦住路过的小勺请他帮我拍一张照片时，他对着挤眉弄眼的我咧嘴一笑："我真想在你的脑袋上写四个字：到此一游。"

我就是这么认识了小勺。他学画画出身，在798的一家画廊打工，偶尔能在一些杂志上刊登自己的插画作品。喜欢穿黑色紧身T恤和牛仔裤，留小胡子，用我的话说，就是"四分之一的艺术家加四分之三的流氓"。

彼时我处在旅途中的最低谷，从广东经江浙路过山东到达北京花了我大半奖学金，而爸爸又打电话告诉我与别人合伙做的小买卖出了问题，现在资金周转不过来，问我能不能先帮他还一个月的贷款利息。

我当然二话不说立马同意，但是也在汇完款后悲哀地发现卡内余额已不足以让我继续寒假旅行，我不得不滞留北京，寄居在同学宿舍里，靠打短工攒钱。眼见武大樱花将开，海南菠萝正好，我却只能住在北京五环外的一间十五平方米的小房间，白天为一百多块的工资看人脸色，晚上蹲踞在电脑前码字挣钱。甚至为了省钱，我连午餐都免了，每天早上花一块钱买两个馒头了事，一直挨到晚上去面馆吃上一大碗热汤面。

每每夜深人静的时候，我也会想念此刻正在上海实习的同学——她们也像去年夏天时的我一样，白天穿着白衬衫小短裙在写字楼里步履匆匆，晚上就蓬头垢面地窝在宿舍看Big Bang和张爱玲。想着想着，就会不由自主地心酸——的确是我自己选择了一条剑走偏锋的路，我不后悔；只是永远一个人默默承受种种压迫，脚步也难免孤独。

我把这些话告诉小勺的时候，他只是笑笑不置一词。后来去画廊的次数多了，和画廊的老师也混熟了，有一次小勺不在，老师给我讲起了小勺的故事。

小勺是个富二代。

当老师以这句话开头时，我就像听到了Once upon a time（从前）一样，做足了听一个狗血的"富二代放弃亿万身家潜心修习艺术"故事的心理准备。但是老师接下来的话却让我惊讶得说不出话。

小勺是个富二代，不错，但那已经是很久以前的事情了。他从九岁开始学画，他的父亲——那个在珠三角声名远扬的商界巨擘，并没有像大多数商人一样强迫儿子放弃画画继承家业；相反，他十分支持小勺追求自己的喜好，花大价钱请人教他。小勺慢慢开始崭露头角，高中的时候已经在杂志上刊登自己的插画，在国内大大小小的比赛中也拿了不少金光闪闪的奖杯。他开始得意，人叫他"小画家"的时候也变得心安理得——也难怪他得意，在一同学画的同学中，只有他能称得上是小有成就。

这种得意在他考上天津美院之后到达了一个小高峰。直到有一天，他无意间从喝多的父亲口中得知，那些刊登他插画的杂志版面都是父亲花钱从出版社买来的，甚至连某些比赛的奖项也是用大把的赞助费换来的。"那个时候，小勺觉得天塌地陷也就是这样的感觉了。"老师说，"被人从悬崖上狠狠推下来的感觉。"

小勺一赌气，就和家里断了联系，一个人跑到北京。他除了画画什么都不会，口袋里的钱只够交一个月的房租，虽然有杂志收下了他的插画，但是稿费却一拖再拖。这个曾经"喝纯净水会吐必须喝饮料"的男生在某个早晨醒来突然发现自己连白开水也喝不起了，只能去餐厅洗盘子。祸不单行，他的手拿起画笔灵巧，做粗活却笨得可以，居然在往水池倒水的时候把半壶开水倒在了自己的手上。

他的右手被烫得很严重，根本拿不了画笔，更别说洗盘子。没有工作就意味着没有任何收入，三餐不继的他经常饿得蜷在潮湿阴冷的地下室的床上拿枕头压着自己的胃，实在受不了了就去附近的林业大学偷食堂的免费汤喝。他不是没想过回家，但是一想到家人曾经心知肚明却还要违心地夸赞他，他就打消了回家的念头。

"小勺初中的时候我曾经教过他，"老师说，"那时我并不喜欢他，小小年纪很不知天高地厚。但是再次在北京见到他的时候，连我都吓到了。他变得不爱说话，别人和他提起画画的事情时他居然会不好意思。我看了他后来的画，虽然还是很不成熟，但是与当初那个他相比已经算得上是突飞猛进。于是我问他要不要来我画廊打打下手，他居然露出一副受宠若惊的表情——若是在以前，他至少是要稍微翘一下尾巴的。那时我就觉得，小勺不再是当初那个小屁孩了。"

我一句话都说不出来。我无法想象，小勺如何一个人熬过最初那些日子——从高处狠狠跌落，带着千疮百孔的心，一个人艰难地蹒跚前行。我自认为在北京的日子已经够惨了，可是他比我要惨得多，至少我的心还是完整的，我的梦想也没有被踩在脚下。但是他呢？他所追求的一切被人为地捧到高处，接受他人虚伪的顶礼膜拜，然后……然后又被狠狠地踩在脚下，沾满了挫败的灰尘。

不知道从什么时候开始，这个世界开始流行攀比谁更惨——穷游的比较谁花得更少，北漂的比较谁房子更小。但是这种"惨"中隐隐透着巨大的得意，就像小勺有一次说的：人就喜欢和别人比较，比别人过得好就觉得自己很光彩，比别人过得苦就觉得自己很牛，说白了都是自我安慰。

但是只有一种"惨"，是无可比拟的，那就是梦想的破灭。我还是很替小勺高兴，因为他在那样的打击中依旧挺过来了，他还在坚持，还在自己挚爱的路上不断前行。现在的他才是生活中真正的英雄。

回上海上学的前一天，小勺来送我，送给我一幅他照着我的微信头像画的画像。右下角有两行小字，那是我们都喜欢的野孩子乐队《生活在地下》里的一句歌词。

"生活好比那黑夜里漫长的路，走过的人他从不说出来。"

避无可避，无处可逃，现实洒下密不透风的天罗地网，你我却依旧渴望追逐阳光。

这个世界上总有一些人过着我们望尘莫及的生活，背负着我们难以背负的梦想。像旭子，像小勺，他们就像是夜空中的星星，每当我们为自己又攀上了一座生活的高峰而自鸣得意时，抬起头却失望地发现他们依旧在我们的头顶，我们即使踮起脚尖也无法够得到。

但也正是因为有这些人的存在，我们才有了信念，才相信梦想。

我在旅途中

夏不绿

　　我还记得离开康定时的清晨，天还未亮，透过车窗就能看见外面满天如钻石般的繁星，美得令人心碎。那是我十九岁的生日，而我选择了一场逃离。

　　我最害怕的是一成不变的生活，进入大学后每天浑浑噩噩，逃课，抽烟，喝酒，做过一些荒唐事，挥霍完一段时间后心里只觉空荡荡，该是怎样还是怎样。心里难受得每晚躺在床上默默流泪，我知道这样的自己迟早有一天会出事。那个时候同班有个女生和我关系不错，网上聊天的时候不知话题怎样就扯到了喝酒上，于是拿了钱去找她，两个人在超市买了啤酒和花生，提着满满一口袋的东西去江边喝酒。

　　喝到兴头上，我说了句："实在受够了这样的生活，好想逃到一个很远的地方去。"她附和着说："我也是啊，我也是。"

　　于是一场所谓的旅行就这样毫无计划地开始。

　　九个多小时的车程，我们到达康定县城已是晚上八点，十月的天气已经很冷，冻得我们两个人瑟瑟发抖。我们住最便宜的旅店，想尽一切办法省钱。徒步去景区，中途搭乘陌生人的汽车，我们就像无畏的勇者，似乎这世上已没有能够让我们害怕的事了。我们留电话给帮助过我们的陌生人，约好以后再见，虽然彼此心里都抱着可能再也不会见的心情却天真地觉得一个号码总能维系着某种情感。

在木格措景区，我们遇到一群马帮。来之前的路上就听景区工作人员说过千万别坐那些马帮的马，因为会被狠狠敲一笔钱。于是我们留了心眼儿，即使他们再怎么跟在我们身后也不搭理。可是我和朋友却在偌大的景区里走昏了头，这时马帮里的一个男生出现在我们眼前，身上脏兮兮的，头发蓬乱，咧着嘴问我们："要坐马吗？看你们走了好久，给你们便宜点呗！"

我随口问道："便宜多少？"

"你们两个人一人一匹马，一百块。"

我和朋友对视，皱紧眉头："太贵了，我们坐不起。"

我们转身准备离开，可是那男生却不死心："那你们开个价。"

"两个人一共五十！"朋友说。

男生摇摇头："那我们太亏了。"

"那我们走吧。"朋友挽着我胳膊打算继续往前走。

"喂！六十吧！"男生耸耸肩，无奈地说，"六十已经是最便宜了，要不是看你们两个女生走得这么累，我才不做你们生意。"

男生招呼来他的朋友，牵来一匹黑马和白马。我坐的那匹白马叫小青，男生走在前面牵着它，路上虽然全是大大小小的石头，却很平稳。

我们问他们的年纪，竟与我们一般大，他们没有在读书了，靠着在景区里用马搭游客赚钱。他们不敢随便下山，一下山遇到景区的保安就会打起来，因为马帮的人宰了游客许多钱。

"上次有个六十多岁的老头，很有钱，我们敲了他一千多呢！"男生颇为得意地说着。

"那你们做我们的生意岂不是很亏？"我问。

他却嘿嘿地笑起来："那得看是谁了。"

"你们赚那么多钱都拿去干吗？这里又前不着村后不着店的。"

"去县城酒吧玩啊，一晚上就可以花光。"

"不读书了吗？"问完我就意识到自己是在自找没趣，就算自己名义上还是学生，可不也是整天瞎混不上课吗，和他们又有什么区别。

后来走到一块平坦的地方，那里有一个像是磨盘的东西。男生说坐在马上围着它转八圈就可以实现自己的愿望，听到这儿我和朋友都来了兴致，嚷着说："好啊，好啊。带我们转吧。"

转完圈许了愿，我们下了马。两个男生坐在一边休息，拿出烟来抽。取出两支问我们要不要。朋友接过递给我一支，才抽几口她就皱了眉："这烟不好抽啊，你不是带了烟吗，拿出来分给大家啊。"

他们对我带来的烟似乎很感兴趣，抽完一支又再要了两支。也许是得了点好处，一个男生开玩笑道："刚才我们带你们转圈的时候还想着敲你们一笔钱呢！"

"你们想怎么敲？"我和朋友问。

"转一圈收你们一百。"他又笑了。

"那不是要收我们八百！"

"哈哈哈！那是之前。现在我们是朋友了，朋友还能做那样的事吗？！"

认识不到两个小时，他说我们是朋友。

那个时候我并不是什么单纯天真的小女生，即使看上去年纪不大，也总对他人抱着防备之心，凡事不敢完全相信，害怕被骗，害怕受伤，索性什么也不信，因为这样事情逆转时也由于事先的心理准备而不会太过难受。可是眼前这个抽着烟满脸笑意的男生却轻易地就说出我们是朋友这样的话来。

我一怔，随即也笑了："是呀，那既然是朋友六十块也免了吧！"

男生立刻哼哼着道："亲兄弟也要明算账呢！"

这是我们在康定之旅遇到的最可爱的两个男生。后来离开景区听到有人说，千万别坐那些马帮人的马时我和朋友会心地相视一笑。很多事情，不去经历，怎么也不会明白。总是听旁人的话，也许选择了最安全没有风险的道路，却也因此错失了即将发生的许多美好事情。

在康定待了一周，我们又去了草原，在热情的藏民家住了两晚，看到了从前未见的风景，认识了友好的陌生人。

还记得决定离开康定的前一晚，我和朋友躺在旅馆的床上，说真不想回去，想一直留在这里。

轻易说出这样的话，无非是在旅行的途中可以逃离掉平日里烦心的琐碎和迷茫的状态，心里所想的就只有眼下的一切。明天要去哪儿，可以看见什么风景，遇见怎样的人。一切都是新奇的，美好的，令人不舍得。

但旅行不过是暂时的逃避，不管你逃避多久，终有结束的一天，回到正常的生活时，你所想逃避的问题又会继续出现。

可是当时的我不懂，离开那天我坐在车上最后一排靠窗的位置，看着窗外明亮的星星，眼泪一直往下掉。我质问自己为何不开心。可是我没有答案。

很久之后在一本旅行游记里看到相似的场景，作者说感到不开心的原因，是有人生的无力感。而这种无力感，是每个年龄段都会遭遇的问题。

后来我又陆陆续续一个人或和朋友去了许多其他地方，我仍不知这个答案是什么意思。但旅行于我的意义，并非是逃避，而是在俗世生活喘不过气时浮出水面的一次呼吸。只要有了这口呼吸，即使还要再沉入水底继续与之抗争，也觉得足够了。有了这口呼吸，就还能继续和生活温柔相处，勇往直前。

最后一个夏天

亚邪

直到现在我都清楚地记得第一次见到你那天的情景。那是初秋时节连日阴雨后的第一个艳阳天，金色的阳光热烈地和大地相拥。广播里通知全体同学到操场做操。难得的没有半点拖拉，所有人都一股脑地往操场奔。我迅速找准自己的位置站好，开始享受起阳光洒在身上暖洋洋的感觉。果然还是有阳光的地方才最好，然后，我从广播里听到了你的名字。

请六年级的宋黎明同学上台带领大家做操。值周老师用他粗犷的嗓音连着喊了好几遍，所以，你的名字，我听得格外清楚。

宋黎明，宋黎明，我好像看到了晨光熹微，黎明的第一道曙光划破长空。突然就很期待，拥有这样一个充满希望的名字的人，是不是看着就特别朝气蓬勃的样子，于是，我睁大了眼睛，四处搜寻你的身影。

哦，忘记说了，那时的我只是个刚刚转校的新生，没有听说过你的辉煌战绩，也没有来得及和你来一次偶遇，可是那天，你却让我第一次知道了什么叫作惊艳。

是了，你踩在阳光上，一路小跑着上了台，身上是一套白色为底黄色为辅的恰到好处的休闲装，脚上的运动鞋雪白，跟你的人一样，不沾染半点污垢。从我的角度看过去，正好看到你瘦削精致的侧脸，阳光落在你的身上，你看起来就像是来自天上的神明，浑身散发着金色的光。

直到后来我才知道，原来你早就已经是学校的小红人，学校所有老师都认识你，茶余饭后，你总是成为他们谈论的对象。对于你，他们毫不掩饰地表达对你的喜欢还有称赞。同学们看着你时，也尽是崇拜与艳羡。

而我，则早在听说你在开学典礼上囊括了几乎所有奖项时暗自下了决心，要成为跟你一样优秀的人。说不定到时我还能和你一起上台领奖呢！可是，直到你从小学毕业我也没能实现和你同台的愿望。

真正和你有交集是在我也上初中以后。那时正是新生入学，学校各个组织部门都开始纳新，我抱着"初生牛犊不怕虎"的态度走进学生会用来面试新人的那间教室。

我没有想到会碰到你，虽然我的确并不单纯因为是新生而来参加面试，而是进学校时我注意到公告栏上贴了一张你的照片，上面还写了两行字，第一行：学生会主席，第二行：宋黎明。

你坐在他们中间，有一股不怒自威的气场。我小心翼翼地做自我介绍，攥紧的拳头里慢慢渗出了汗水。还好，最后我总算通过了面试，成了你的"手下"。我欣喜若狂，却又不能完全表现出来，差点憋出内伤。

后来，你问我的名字，说面试的时候光顾着看人了也没听清说的什么，以后就在一起"工作"了，总得认识认识，培养一下感情。大概是没想到你这么好说话，我愣了愣才告诉你我的名字，我说："主席大人在上，小的肖橙，以后还请多多指教。"说着还冲你抱了抱拳。

你被我逗笑，扑哧一声笑了出来，我狠狠地白了你一眼，一边在心里嘲笑你笑点竟然如此之低。

笑过之后，你抬起手拍了拍我的头，说："好了，新官上任三把火，肖橙同学，明天开始跟着我一起值周。"说完就一脸笑容地转身走了，留下我们一群人站在那里，不明就里。只是，看着你离开的背影，我笑了，似乎我小学时的愿望终于要实现了。

其实我没有想过上了初中之后的你也能像以前一样成为学校的焦点。可后来当我亲眼看见了你一次次被各种奖项加身的时候，在你一次次对我亮出你那标准的露八颗牙的微笑时，我瞬间就觉得，你这样的人，生来就是为了成为人群之中的焦点。

等到我和你已经混得很熟的时候，学校里的法国梧桐已经掉光了叶子，只余下光秃秃的树干矗立在深秋的寒风之中。我把手揣在兜里，站在你身边看你给这片区域的卫生情况打分，你低着头，用手中的笔在评分表上画上了几个数字。

打完分回教学楼的时候，我跟你说我小学时候最大的愿望就是能跟你站在一起领一次奖，不过好可惜啊！最后没有实现。

你说："是啊，好可惜，那时候学校的另外一个传奇，年龄最小却是成绩最好的那个小女孩儿，我竟然没有和她一起领过奖！

你说完这些的时候我已经整个人都惊得呆掉了！我没有想到，你也曾经听说过我！那种感觉，就好像是两个志同道合的人终于跨过所有阻碍走到了一起。

后来也终于有了一次机会让我跟你站在一个领奖台上。那是市里面举办的一次作文竞赛，我跟你分获年级组的一等奖，当我看到光荣榜上宋黎明和肖橙两个名字挨在一起的时候我激动得直接叫了出来，虽然大家都以为我是在为得奖而激动。

只是，那天我一个人站在台上拿着获奖证书，接受着全校同学目光的洗礼时，我的脸上却没有满面春风，因为你迟迟没有上台来。颁奖的老师连着喊了好几次却终是无果，宋黎明，我又将你的名字听得格外清楚，可是，你却没有如那时一样，踩着阳光，一路小跑着来到我身边。

其实我早该看出来的，在你消失之前，你不正常了好多天。因为事关你家里的变故，所以我并未多问，只是隐约从别人的嘴里听来一些零星，拼凑出来的事实却也让我无从开口。

可是，我也万万没有想到你会以那样一种决绝的方式逃离你所承受的现实。就是那天，你带上家里所有的存款，一声不响地走了。

没有留下书信，没有同谁告别。

所幸，在最后一趟长途汽车即将发动的时候，他们找到了你。你背着自己刚淘回来的双肩包，穿着自己最喜欢的黑色休闲套装和白色运动鞋，一个人坐在角落里，安静得像是一团空气。这些都是听别人说起，可是宋黎明，我能想象得出当时你的样子，孤单寂寥，像头困兽。

再次见到你是在一周之后了，你还是跟以前一样，留干净的学生头，穿平实无华的休闲装和毫无瑕疵的白鞋，平静得像是几天前离家出走的那个人根本不是你。透过树叶的缝隙，有细碎的阳光洒在你的脸上，你对我扯着嘴角笑，我就也对你笑。

回到学校之后的你没有一蹶不振，只是变得没有像以前那样热爱学习了，可是瘦死的骆驼比马大，你的成绩依然排在年级的前面。

你开始不定时地逃课，以前没有做过的坏事在那一段时间里你几乎做了个遍，所有人都觉得你是青春叛逆期到了，对你的幼稚行为嗤之以鼻，只有我，在每次透过窗户玻璃看到站在对面楼的德育办公室里接受教育的你的时候会忍不住想要冲过去劈头盖脸地骂你一顿，然后抱着你狠狠地哭。

宋黎明，那段时间你过得多艰难我都知道，身心备受折磨，明明早就倦怠不堪可是死撑着不肯让自己停下来。你说你害怕你一停下来就会想起那个摧毁了你所有幸福的画面。

可是终究是要面对现实的不是吗？好多次，我看到你一个人坐在学生会办公室里面，望着窗外发呆，时不时皱眉，没有歇斯底里的发泄，只有如鲠在喉不能言说的苦痛。

时间如同白驹过隙，即便再多苦难你也只能埋头向前。然后又一年的毕业季如期而至，你，就要毕业了。

老师们依旧对你寄予厚望，把你当重点培养，而后来你的中考成绩也的确没有辜负他们的期望，远远超过重点分数线一大截。

临走的那天你特地跑来找了我，手上拿着几个笔记本。当我从此起彼伏的起哄声中走出来的时候我的脸已经红得像喝了好几瓶老白干一样了。

你笑了笑，并不理会起哄声，只一本正经地把你手中的笔记本往我手里塞，一边对我说："喏，小手下，你要的笔记，要好好学习啊，我在一中等你！"

我看着你随说话声涌动的喉结，心里面泛起名为悲伤的涟漪，好在上课铃声及时解救了我，让我不至于在你面前矫情地掉眼泪。后来你转身离开的时候我并没有马上进教室，而是站在门口目送了你，四周清冷的光打在你的身上，你看起来就像一个孤傲的王者。

只是宋黎明，如果当时我就知道这大概会是我们最后一次见面的话，我一定会不顾一切地跑到你面前，拥抱你。温暖你也完成我的心愿。

一年后，我参加中考，如愿考上一中。

当我背着包满怀憧憬地踏进一中大门的时候我的心情是万分激动的，想着我又可以和你一起在学校横行就更无法抑制自己的情绪，我顾不得欣赏校园美景，顾不得认识新同学，开始在学校里寻你。

依照往日的经验，我首先来到了通知栏，却没有见到预料中你的照片和名字，脑海里不由划过一道闪电。

我开始担心你是不是已经彻底堕落，可转念一想，高中这么多优秀的同学所以你才不再那么出众了吧。这么一想，不免有些欣慰，又有些沮丧，如果是那样的话，我要怎么找到你啊？

我以为，凭着我对你敏感的嗅觉是很快就能找出你的。前提是，如果你在学校里。

直到好久以后我才终于从别人口里得知，毕业后你就跟着家里人去了外省念书，压根没有上一中。

怎么形容当时的感觉呢？酸酸的涩涩的，很委屈。你说的在一中等我，结果是我一个人忙活了半天却只换来你的爽约。

突然想起你曾经教我唱的那首歌："最后一个夏天，我们就要说再见……"原来，从那时开始，你就已经跟我告别。

没有你在的一中仿佛缺了点温情，秋风吹散一地的落叶，放眼望去，满目苍凉。日子总得过，我也渐渐地接受了你离开的事实，只是，宋黎明，为什么？

为什么在我已经把你忘记的时候又突然出现？

又一个夏天到来的时候，我已经步入了高三，达到饱和状态的太阳光炙烤着大地，街上尽是穿得花花绿绿青春靓丽的姑娘和少年。我站在树荫下等着绿灯，在三十好几度的高温里等待真不是件愉快的事情。

我狠狠地盯着马路对面的红灯，几乎快要将灯盯出洞来的时候，对面出现了一对小情侣，男孩儿穿一件纯白的T恤，配黑色的牛仔裤和白鞋，旁边跟着他的小女朋友。

他恶作剧地掐她脸，她扬起手作势要打他"报仇"。多么温暖美好的画面啊，如果那个男孩儿不是你的话。

绿灯亮起来的时候你们停止了打闹，你细心地牵起她的手，从马路对面走来，我和你们相向而行。

其实心里也还是有期待的吧？不然在马路中间我们相遇即将擦肩而过的时候我怎么会紧张得手心都被汗水浸湿了呢？当你终于从我身边走过却毫无作为的时候，我的心顿时沉了下去，是你身边的女孩儿太耀眼了吗，还是天气太热就连我的眼睛里都渗出了汗珠。

我三步并作两步跑到了马路边上，停下来，看你们手牵手越走越远的背影，心里虽然难过却还是小声地说了祝福。是啊，那么优秀的你，本来就应该是幸福的。

最后一个夏天。

宋黎明，再见。

谢谢你曾经像光一样照亮了我的整个世界。

如果你在，世界会不会不一样

周空尘

她一个人在雨里走，身后的天空猝不及防，裂开一道明亮的口子，接着是一声沉闷的雷声。

我站在门口，看她的伞在大风中左摇右晃，很孤单的样子。你在小床里挥舞着四肢，拼命地哭号。我走过去，蹲在你的床边。"小尘，别哭了，妈妈很快就回来了。"你对我的话不做反应，我对此习以为常，虽然你已经一岁了。我把你抱起来，轻拍你的后背。你终于哭累，渐渐睡着了。我常常想，如果你也做梦，梦里会不会有爸爸抽着烟叹气的样子，妈妈盯着量匙往药罐里放药的动作，我望着你的眼睛发呆的神情。你是否和我们一样，无奈而悲伤。

雨丝毫没有要停的意思，院子里低洼的地方积着水，雨水落在上面，冒着不安分的水泡。风很大，墙上爬着的藤蔓被折断，蔫蔫地垂在墙根。又一道闪电过后，屋里一片漆黑，电风扇慢慢减速，最终停止。你安静地睡着，鼻翼微微扇动。突然，你平放的胳膊猛地举起来，像是突然失去依靠，想要抓住什么东西，接着是身体的痉挛，伴随着受惊的哭声。我蹲在地上，背靠着你的小床，眼泪砸在地板上，很快就消散了。昨天带回来的药，剂量已经加倍，看起来也没有发挥作用。现在外面下着雨，母亲去请医生。我记得那日医生把药单递给母亲时，脸上透出的无奈，我觉得世间的悲凉也不过如此，然而母亲并没有注意，浮肿的眼睛里满是希望。

你终于停止了抽搐，显然被刚才的自己吓到了，依旧大哭不止。我把你搂在怀里，你的泪落在我的臂弯里，一阵灼热。你是抱养的孩子，父母并没有因此削减爱你的分量，曾经，我还怨恨你瓜分了本该由我接收的全部的爱。随着时间，你渐渐长大。然而，你没有成为我们想要的样子：五个月，你对我们的呼唤不作反应；六个月，递给你玩具你从不会伸手去接；七个月，你的眼睛依旧没有焦点，常常仰着脑袋一待就是一个下午。在所有人都认为你不正常的时候，只有母亲微微笑着说："他只是发育得慢些。"父亲偷偷带你去医院检查，没有发现问题，这个结果反而加深了父亲的不安，他第一次在我面前掉下眼泪。"你妈她好可怜，先前的弟弟早产，没保住，现在有了小尘，又是这个样子。"我低下头，仿佛这样就能让悲伤回到咽喉。如果可以重新来过，我愿意倾尽此生的力气去爱你，只愿能减轻你的一点点痛苦。

八个月，你睡觉的时候会突然惊醒，然后是受了惊的大哭。人们不再议论你是不是得了什么病，他们默默地接受了这件事情。最后，是阿姨捅破了这块脓包，使它流出了肮脏的血水，散发着浓烈的恶臭。她对母亲说："带他去医院吧，这不是发育慢的问题，不能再拖了。"母亲低着头不说话，有液体从她脸上掉下来，于是她黑色的衣服上染出了两片更浓郁的黑色。

父母带你去了医院，我要上学所以没有陪你。收拾屋子的时候，发现一张几个月前的医院收费单，才知道母亲早就察觉到了，只是不愿承认。把自己都不敢奢求的希望理直气壮地说给别人听，是不是更为悲凉？床头桌子上的照片上，母亲抱着三个月大的弟弟，满脸幸福的模样，只是上面蒙着一层尘埃，仿佛经历了很久远的时光。

医院给出的结果是没有结果，所以留院观察。我去医院看你，顺便给你带去一些衣服。父亲在医院门口等我，我下了车就朝他挥手，他站着没动，似乎在看我，又似乎没看。我很奇怪，仰起头看见父亲眼里弥漫的大雾，层层叠叠，似乎盖得住世间所有的光亮。他喃喃地说：

"你弟弟得的是神经上的病……爸爸该怎么办？"他捂住眼睛，声音颤抖，像是被突来的大风吹皱了。神经上的病？我不知道该怎么回答，表面平静好像只是耳边刮了一阵风，心里的某个地方早已坍塌一片。

四月里难得有这样的大风，街道两旁的招牌被吹得哐当作响，随时都有被吹落的可能。天空灰蒙蒙的，父亲的眼里闪着光，我拿出纸巾，他伸手的那一刻，眼泪正好落下来。

病房里充斥着浓烈的药水味，你小小的身体蜷缩在白色的病床上，脚上、脑袋上都扎着点滴，针孔周围是一大片紫青。你似乎更呆滞了一些，不哭不笑不吵不闹，眼睛盯着天花板，很久才眨一下。我轻声唤你的名字，你似乎听懂了，脑袋动着四处看。我就在你面前，你却找不到我，最终又把目光停在天花板上。我背过身，假装收拾桌子，泪水在眼睛里澎湃。

母亲向奶瓶里倒药水，嘴里念叨着"小尘别怕，吃了药就好了"之类的话。父亲把被角拉好，转身出去了，我跟着父亲走出病房。

"医生怎么说？"

"只说有医好的病例。"

"……"

"我考虑把他送走，爸也都老了，以后对你是一种拖累。"父亲哽住，话的末尾生生打了个结，他抱住头，烟蒂落在鞋上，散成一个坟墓。

很想告诉父亲我不怕，然而，一句"我不怕"是对未来的透支，现在以及这以后的很多年的痛苦都要由父母来承担。

医生没有明确的治疗方案，一味地配了很多药。一个星期后，我们回家了。在家里，你每天吃两次药，药不多，需要严格控制剂量。母亲憔悴了很多，发根是透彻的白色。父亲的话更少了，有时我放学回家，他就在黑暗里坐着，脚下那堆散落的烟头，凌乱着，没有方向。

又过几天，我打开客厅的灯，父亲终于抬头看我一眼，"坐过来。"我挨着父亲坐下，他燃了一支烟，"我准备去外地，你弟弟的病需要很多钱，外面的工资会高一些。"我沉默着，空气因为滞留而寒冷，父亲按灭指间的烟，"小尘不走了，他是咱家的。"我拼命点头，心里涌过一阵感动。"只是以后就苦了你了。"我看着父亲，他不再说话，低头看着地上的烟头。那一刻，我觉得他很孤独而遥远，像是隔了一世纪，我搂着他的肩，对他说："一家人，在一起就好。"像是我在安慰父亲，自己却忍不住哭出了声，父亲拍拍我的脑袋，"傻样。"

父亲去外地之后，我更加厌恶上学。很难想象我不在的时间里，母亲怎样面对深爱的人受病痛而自己又无能为力的折磨。

六月份，你的病情加重，惊醒的同时伴随着全身的痉挛。医生不再多说什么，手里飞快地填写药单。

七月份，听说有家医院治疗这种病很有经验。我和母亲费尽周折找到那所医院。站在医院高高的围墙下面，我的心一点点变凉。这是一所精神病院。小尘，我想我们不该来这里，我扶住母亲，她却径直走了进去。我有些怅然，无论什么医院，不管什么医生，她都把希望虔诚地交予他们。

这里光线昏暗，很少有人走动，护士带我们来到一间专家咨询室，木制的办公桌后面是一个大眼袋医生，所谓的神经科专家，他似乎被这里的气氛所毒害，眉眼间都透露着精神不正常。他看了看你，开始絮絮叨叨说一些不着边际的话，在提及他丰厚的临床经验时，肥硕的大脸上配合地泛出油腻，说到最后也只是以一句"有医好的病例"作结尾，然后麻利地填好药方，签上名字，满脸自豪地递向母亲，动作潇洒，像是完成了一件大事。母亲欠着身对他千恩万谢，我抢先母亲拿过药单，鄙夷地瞪他一眼，抱着你离开了。母亲追上来问我怎么了，我有些生气："我怎么了？是你怎么了吧。神志不清了？这样的鬼话你也信？"母亲怔了怔，没说什么，抱起你，自顾自离开了。阳光在她单薄的背影上镀了一圈毛边，细细看却分明是尖锐的棱角，保护着她的儿子。我清楚地看见母亲离开时眼里的绝望，深到骨髓的绝望。那一刻，我怨恨自己，不经意就摔坏了她微渺的希望。

求医的事情告一段落，你依旧不认得母亲，不认得我；依旧不玩玩具，不爱笑；依旧每天吃药，剂量是开始时的三倍；依旧犯病，越来越频繁地犯病。你犯病的时候，母亲把你平放在床上，背过身悄悄掉眼泪。我们谁都不说话，屋里只有你的哭声，孤独又凄凉，也许我们谁都无法靠近你的世界。

八月，鼻腔里充斥着燥热的气息。这天，突然下起雨。中午，母亲刚给你喂完奶粉，你就吐在衣服上了。我在旁边帮忙给你换衣服，发现你身上全是烫的，母亲的手抖得厉害，扣子怎么也扣不上。我说我来吧，母亲垂下手，眼泪哗地流下来。她说你弟弟治不好了。我的手停在你柔软的小手上，你的头微微仰着，正盯着墙上的某个地方出神。母亲拿起伞，头发乱蓬蓬的，出了门。她去请医生，去请一个微渺的希望。

在爱的方面，母亲永远比父亲勇敢。即使被现实摧残得身心俱焚，在她的孩子需要她的时候，她还是会把破碎的心捡起来捏成一个圆，盛满希望。

半年后，你离开了。那时我已升入高中，有天晚上正在上课，母亲突然打电话来，她说："小然，你要常给妈妈打电话，妈想你。"我鼻子一酸，眼泪落了下来。

时间已经过去三年，我上了大学，离家又远了。想起你的时候，心里某个地方隐隐地疼。绵白的记忆里，关于你的过往不牵扯冗长，亦不激烈美好，却让我甘愿耗尽余生的温暖，为你求一道来世安稳的光。

我喜欢在阳光里，闭着眼，想你熟睡时鼻翼微微扇动的模样，想你是不是也喜欢这样的橙色的光。也常常想，如果你在，世界会不会不一样。

来自喵星的丸子

林　瑜

你这丸子长得一点儿也不像丸子。

一对毛茸茸的三角耳，粉色的心形小鼻子，清澈的圆眼里透出几分胆怯——丸子，这就是我对你的初印象。当初邻居阿婆把你送给我们家的时候，你已经是一只半大的猫咪了，在墙角缩成一团，瑟瑟发抖，明明这么害怕，还要装出很凶的样子龇起牙齿，恶狠狠地喵上几声。一给你解开绳子，又立马"嗖"地钻到桌子底下，任人唤上半天也不肯出来。当时我就想，你这喵星人真是又胆小又不可爱。

至于给你起名字这事儿，我也没费多大工夫，由于当时我对"丸子"这种食物情有独钟，于是你就被赐名"丸子"了。当时老妈还特兴奋地对你说："丸子，你有名字了，要听你姐姐的话哦……"得，丸子，敢情咱俩还成姐妹了！我表面上直翻白眼，心里却乐开了花——丸子啊丸子，放心好了，跟着姐姐走，保你天天吃鱼肉！

于是在我的悉心教导下，日子一长，你成了一只名副其实的懒猫。每天吃饱喝足悠闲地走个"猫步"，偶尔揪揪我的裤腿撒个娇，还总理直气壮地跳到我怀里，留下一串脚印后扬长而去，丢下我在后面跳脚却又不能把你怎样。

由于我的纵容，你变得越来越胆大妄为，有时候掀开被子，却看见你藏在那只狗狗玩偶的肚皮下睡得正香，只好把你抱下床去。第二天早上醒来的时候，一翻身，又看见你赖在枕头上睡得香甜。这样的你，真是令人又好气又好笑。

冬天的时候，我习惯一个人窝在沙发上看电视，只是后来又多了一个窝在我怀里的你。你就那么安静地躺在我怀里，像我一样盯着电视，偶尔还会和我共享一包薯片味饼干。电视的画面不停变换着，你的呼吸也越发均匀、平稳，小肚皮上下起伏——你睡着了。我放轻了动作，连呼吸也调整得和你一致，生怕吵到你。那样的冬夜里，常常屋外是咆哮的寒风，屋内是忘记关掉的电视，桌子上那几包还没吃完的薯片味饼干，以及昏黄灯光下早已熟睡的一人一猫，温馨而美好。

经过了一个冬天的养精蓄锐，第二年春天的时候，你长成了一颗青年丸子。

都说春天是个浪漫美丽的季节，也是个恋爱的季节，于是就在那个春天，你恋爱了。

起初我还不知道，直到某天你公然和"男朋友"在咱家后院约会，才算是正式向我宣告了这个消息。

正所谓"恋爱中的猫咪是美的"，你一改以往懒惰的个性，三天两头地往外跑，也不整天围着我撒娇了，我不得不慨叹一句："猫大不中留啊！"

那天中午，吃饱了闲着没事儿干的我把你抱在怀里，坐在门外晒太阳。我把你抱起来，左瞧右看，发现你最近好像发福了。于是我戳了戳你圆滚滚的肚皮，对一旁的老妈说："妈，咱家丸子最近是不是吃得太多了，你看它胖了不少啊。"

老妈打量了一下你后，若有所思地点点头，还说："啧啧，是该给它减肥了。"

结果是，我们遭到了正巧路过的伯母的嘲笑。

只见她夸张地揉了揉笑到僵硬的脸部肌肉，说："什么呀，这是你们家的猫怀孕了！"

我先是一愣，大脑一时短路，直到老妈又提醒了我一次，我才惊喜地欢呼起来，在你额头上亲了又亲——太好了，我的丸子要当妈妈啦！你明显被吓到了，试着从我怀里挣脱，我连忙放下你。想想又怪不好意思的，我竟误以为你长胖了，我想你一定在心底狠狠地鄙视我一番了吧。

　　当盛夏的气息渐渐逼近的时候，你的宝宝们出生了。
　　小丸子们毛发蓬松，看起来肥嘟嘟的，那么小，那么软，捧在手心里，毛茸茸的一团，好可爱！
　　你爱怜地舔着它们，固执地守着它们，不让人靠近。第一次发现，原来你也有这样充满母性光辉的一面，当了妈就是不一样啊！
　　等到小丸子们大点儿后，你每天都会带着吃饱喝足的它们去晒太阳。小丸子们在一旁打闹，而你则趴在我身边，满足而安详地看着它们，偶尔还会回过头来跟我撒个娇。我只能表示无可奈何——都是当妈的喵啦！
　　这样的小日子过得蛮惬意。那些午后，我总是想，要是时间一直定格在这个时刻的话，那该有多好啊。

　　可是时间到底是无法定格的。
　　随着小丸子们一天天地长大，家里的跳蚤也跟着多了起来，老爸老妈开始商量着把它们送人。于是就在一天傍晚，小丸子们被陆续送走了。你似乎知道了这一切，不住地呼唤着你的宝宝们。你的声音里透着恐惧、无助。你就那么一直叫一直叫，叫到声音沙哑，直到夜色渐浓，你也没去吃饭，而是沉默地趴在你曾经和宝宝们一起生活过的小窝里，就连看我的眼神也多了一些陌生，多了些疏离。我想，那个时候，你是恨我的吧。
　　我很难过，也很愧疚，却无能为力，只能在心底不停地对你说，对不起，对不起……

167

更大的世界

接下来的几天里，你饭量小了很多，也消瘦得厉害。老妈说，也许该给你换个环境了。

那天上午，我放学回到家，不见你的踪影，才知道你被送人了。

听说你的新主人家里有很多鱼，而且他们很爱猫，不会亏待你的。我稍稍放下心来。可是几天后，老妈又告诉我，你一到新主人家就挣开绳子逃跑了，杳无影踪。

那个晚上，我躲在被窝里哭了好久。

后来的后来，有好几次，你都闯进了我的梦里。醒来后，只见到湿透的枕头——你来自喵星，所以注定不属于这里，对不对？

亲爱的丸子，真的很对不起。

还有，我想你了，很想很想你。

如果某天，你见到了一只有着心形鼻子、浑身棕色花皮毛、名叫丸子的猫咪，请给她点儿薯片味的饼干。对了，顺便帮我给她捎句话——就说，她的主人其实很爱很爱她。